社区应急准备指导手册

王重高　王紫烨　编著

国家行政管理出版社
NATIONAL ADMINISTRATION PRESS
·北京·

图书在版编目（CIP）数据

社区应急准备指导手册 / 王重高，王紫烨编著 . -- 北京：国家行政管理出版社，2019.4（2020.3 重印）

ISBN 978-7-5150-2333-5

Ⅰ . ①社… Ⅱ . ①王… ②王… Ⅲ . ①社区—突发事件—应急对策—手册 Ⅳ . ① C916.2-62

中国版本图书馆 CIP 数据核字（2019）第 053928 号

书　　名　社区应急准备指导手册
　　　　　SHEQU YINGJI ZHUNBEI ZHIDAO SHOUCE
作　　者　王重高　王紫烨　编著
责任编辑　刘　君
出版发行　国家行政管理出版社
　　　　　（北京市海淀区长春桥路 6 号　100089）
电　　话　（010）68928866　68922366
经　　销　新华书店
印　　刷　北京盛通印刷股份有限公司
版　　次　2019 年 4 月第 1 版
印　　次　2020 年 3 月第 2 次印刷
开　　本　148 毫米 ×210 毫米　32 开本
印　　张　6.25
字　　数　115 千字
书　　号　ISBN 978-7-5150-2333-5
定　　价　30.00 元

目　录

绪　论………………………………………………… 1

第一章　社区的风险辨识……………………………… 5

一、如何进行社区的风险辨识 ……………………………5

二、社区灾害事件的描述整理 ……………………………9

三、社区主要灾害的假设情景 …………………………… 12

四、社区现有资源清单的编制 …………………………… 15

五、估计社区资源损失情况 ……………………………… 17

第二章　社区应急救援资源的确认及准备…………21

一、确认对社区突发事件实施救援的主要机构 ………… 22

二、确认社区应对突发事件所需的装备 ………………… 23

三、社区应对突发事件的主要方式——疏散 …………… 24

四、社区应对传染性疾病的主要方式——隔离 ………… 28

第三章　社区应急预案的编制……………………33

一、建立预案编制小组 …………………………… 34

二、风险辨识与情景构建 ………………………… 34

三、明确应对任务 ………………………………… 35

四、评估应对能力 ………………………………… 37

五、预案编制中要特别注意的问题 ……………… 39

第四章　社区的应急指挥……………………………43

一、社区应急指挥——应急工作组 ……………… 43

二、社区应急指挥中心的场所 …………………… 47

三、社区应急指挥中心的应急响应行动 ………… 47

四、社区的应急救援队伍 ………………………… 49

五、社区应急响应的注意事项 …………………… 51

第五章　社区的灾害损失评估………………………55

一、社区灾后损失评估的原则 …………………… 56

二、社区灾后应急救助评估的种类 ……………… 56

三、社区自然灾害救助评估的基本流程 ………… 62

四、社区灾害救助评估应注意的事项 …………… 64

第六章 社区的灾后救助……………………65

一、社区灾后救助的组织 …………………… 66

二、社区灾后救助的准备 …………………… 67

三、社区应急救助的实施 …………………… 69

四、社区灾后救助的措施 …………………… 71

第七章 社区居民的应急准备………………73

一、社区居民应急准备的主要内容 ………… 73

二、社区居民应急避险的主要方法 ………… 84

三、灾害的初期处置 ……………………………101

第八章 社区居民的应急培训与演练………… 111

一、社区居民的应急培训和演练 ……………111

二、与家人一起进行的防灾行动演练 ………116

三、在社区进行防灾行动演练 ………………119

四、社区的防火防灾演练 ……………………122

附 录………………………………… 125

附录 1 社区应急救援资源手册 ……………125

附录 2 社区应急响应预案 …………………135

附录 3　社区应急响应工作任务清单 ……………………149
附录 4　新冠肺炎疫情社区防控工作方案（试行） ……187

绪 论

我国经济社会发展进入关键阶段，既面临十分难得的战略机遇期，又处于矛盾凸显期。一方面，城镇化高速发展；另一方面，全球气候变暖和地壳运动活跃。这两方面因素在时间上的重合，使得城镇化发展过程中自然灾害、事故灾难、公共卫生事件等风险逐渐积聚。风险由积聚到爆发的时间虽然可能较短，在结构层级上却是逐层跃进。基层社区通常是应急处置第一现场，目前化解、抵御风险的能力先天不足，使其受灾的风险加大。从应急管理关口前移的要求出发，基层社区应急能力建设十分重要。

在政府主导的应急管理模式下，应急能力建设不能仅停留在专业救援人员上。现有应急救援的专业队伍与全国总人口的数据相比，微乎其微，在灾害事件发生过程中或发生后，对全体居民来说，如何在关键时期内有效地保护自己和帮助他人，做好更充分的应急准备，得到更好的培训和训练，是国家应急能力建设的基础。居民能够采取应急准备措施，不仅可以减少在灾害事件发生后对应急救援的需求，而且可以参与应急响应和灾后恢复，为国家提供强大的应急能力。2006 年 2 月，美国白宫发布的《联邦政府对卡特里娜飓风的应急响应、经验和教训》强调:“居民和社区防止恐怖袭击，也是防范、减轻、响应各种危害并从中恢复的最有效途径之一……如果每个家庭都有自己的应急准备预案，那么他们对于外部应急资源的需求必然会降低。”在武汉抗击新冠肺炎疫情中，社区就承担了重要的任务。2020 年 1 月 29 日发布的《民政部、国家卫生健康委关于进一步动员城乡社区组织开展新型冠状病毒感染的肺炎疫情防控工作的紧急通知》，明确了社区的重要职责。并将社区防控工作作为疫情防控的基础环节抓紧抓好，广泛动员群众、组织群众、凝聚群众，切实做好疫情监测、信息报送、宣传教育、环境整治、困难帮扶等工作，全面落实联防联控措施，构筑群防群治的严密防线。在公救、互救、自救的“三救”体系中，公救、互救、自救三者间要形成一个相互依托、相互支撑的协作体系。再强的公救力量要发挥作用，也需要以自救、互救为基础来配合与保障。按照现有应急管理体系的分工，上级政府负责公救力量的建设，基层社区负责互救行动的组织和自救能力的培育。因此，基层社区以自救互救能力作为应急能力建设的核心，责无旁贷。

仅仅明确了自救互救能力这个核心还不够，还需要有能够实现的途径。具体来讲，是如何使居民感觉到自己迫切需要应急管理知识和能力，进而产生对社区的依赖和信任。这既是一个难点，又是我们开展工作的突破口。在居民感受不到需要的情况下，只依靠社区单方面推动，其参与互救行动和培育自救能力的主动意识就比较淡薄，淡薄的背后就是居民对社区倡议的不认同。基层社区在“三救”体系中承担自救、互救的任务，起承上启下的作用，启好下才能承好上。要启好下，增进社区与居民间的互信互认是根本。如果社区与居民间缺乏足够程度的互信，信息流动不通畅，互救就不容易组织起来，那么再强的公救力量也发挥不出其应有的作用，特别是在农村应急事件的处理方面，已有相当的教训。增进互信的实质是凝聚人心、民意，这只能通过社区的社会化管理慢慢聚集起来。把居民组织、凝聚起来，一方面，要靠社区工作人员细致耐心地做工作，解决社区居民的实际问题，建立紧密的感情纽带；另一方面，要靠进一步提升社区工作人员素质，进而提高基层社区互救组织水平，增强居民应急能力和知识，完善其自救能力。

习近平在中共中央政治局就应急管理体系和能力建设进行第十九次集体学习时强调：“要坚持群众观点和群众路线，坚持社会共治，完善公民安全教育体系，推动安全宣传进企业、进农村、进社区、进学校、进家庭，加强公益宣传，普及安全知识，培育安全文化，开展常态化应急疏散演练，支持引导社区居民开展风险隐患排查和治理，积极推进安全风险网格化管理，筑牢防灾减灾救灾的人民防线。”

中共中央、国务院出台的《关于加强和完善城乡社区治理的意见》指出，“城乡社区是社会治理的基本单元。城乡社区治理事关党和国家大政方针贯彻落实，事关居民群众切身利益，事关城乡基层和谐稳定。为实现党领导下的政府治理和社会调节、居民自治良性互动，全面提升城乡社区治理法治化、科学化、精细化水平和组织化程度，促进城乡社区治理体系和治理能力现代化”，就加强和完善城乡社区治理提出意见。不断提升城乡社区治理水平是城乡社区治理的一项重要内容，国务院办公厅发布的《关于加强基层应急管理工作的意见》也将社区基层应急能力的建设作为重中之重。

社区应急能力建设主要围绕社区预案建设和社区应急准备两个方面开展。涉及社区的风险辨识、社区应急救援资源的确认及准备、社区应急预案的编制和社区居民的应急准备等内容，最终成果体现在社区应急预案中。

第一章　社区的风险辨识

一、如何进行社区的风险辨识

社区的风险辨识工作，立足于两张图，即历史重大灾害图和现实隐患图。即基于已知信息，在社区地图中完成历史灾害和现实隐患的标注，两张图的完成也意味着社区风险辨识工作的完成。

（一）电子地图的选择

国务院发布的《国家突发事件应急体系建设“十三五”规划》提出“推进以天地图为基础的应急信息资源一张图建设”的要求。天地图是我国自主开发的开放的地图资源，各个社区可以在天地图中进行本地化下载并进行标注，按照规则全面使用。天地图提供的基础电子地图上标示的内容十分全面，包括建筑物、道路、河流、海岸线、地名和方位等标记，是具有国家地理标志和行政区域划分的国家版地图。

（二）查找历史灾害和现实隐患的材料

应先粗略识别可能影响所在地区和社区的所有灾害，从下述途径查找曾经发生的历史灾害和现实隐患。

1. 研究报纸和其他历史资料

报纸中的记录常常含有所在地区或社区自然灾害、事故灾难、公共卫生事件发生的时间、破坏程度等报道，以及过去曾发生的事故或自然灾害的进一步证据。例如，2015 年，天津及全国的报纸，都在显著版面介绍了天津港“8·12”瑞海公司危化品仓库特别重大火灾爆炸事故的处置。2016 年 8 月，天津的地方报纸报道了天津遭受暴雨侵袭，造成市内海河漫流，大部分城市内涝。但历史资料也须谨慎引用。一个地区没有灾害记录，并不完全等于没有潜在的灾害和灾害危险性。比如，历史上该地区可能是荒山荒地，但经过一段时间后，该地区发生了巨大变化，寻找此类地区的历史数据，意义就不大。我们必须基于历史上更大范围的数据查找曾经发生的自然灾害、事故灾难、公共卫生事件，统计数据，并根据数据寻找存在的隐患。现实中土地规划比较差的区域往往会成为洪水期的危险地区，如城中村及郊区小产权房等就属于此类。

2. 查阅现存计划和报告

查阅各地区“年鉴”中灾害发生的特征及防治对策等，是寻找信息的另一种有效途径。年鉴中的交通、环境、堤坝和公共设施的报告和计划，可以用来分析并发现问题。这些报告和计划不一定含有本地区专门的灾害和隐患信息，但是，它们提供了信息线索，或其中包含了某些灾害信息。当地的综合计划、土地利用规划、投资改善计划，以及建筑规范、土地发展规划可能会含有所在地区的灾害信息。

3. 与所在地区和社区的专家座谈

政府、学术机构和私立机构有许多自然灾害、事故灾难、公共卫生事件的信息资源。当地专业管理部门、公共事业管理部门、建设部门、规划部门和交通运输部门的工作人员，是查找历史灾害信息的很好对象。应急响应人员，如警察、消防和紧急医疗服务部门也对查找信息很有帮助。上级机构，如省、市、县的水资源、自然资源管理、地质调查部门和公共卫生等机构，会有省、市、县灾害的详细记载。与上述部门的专家进行座谈是直接获取信息的方式之一，与所在社区的年长者座谈也是获取历史上发生各类事故和灾害信息的好方式。

4. 从互联网上获取信息

浏览各级应急管理部门的网站可以获得相应信息。这些网站可能提供特定地区灾害信息，也有一些灾害专业网站提供某些灾害为什么发生、概率有多大、如何评估灾害大小等信息。如国家地震局网站提供有关地震的专业信息，如果所在地区是地震的潜在发生地区，地震局的网站将为人们提供方便。

通过上述方法获得第一手资料，在多方获得的资料基础上，进行事件的整理，分析一个特定区域的灾害种类和发生频率，从而判定在特定区域灾害发生的概率。如天津市过去对生命和安全威胁最大的几种事故与灾害依次为：交通事故、火灾、危险化学品事故、干旱、雨涝、冰雹、风暴潮、地震、地面沉降、恐怖活动和暴乱。①

天津在过去20年所发生的事故与灾害的种类中，伤亡和经济损失最大的是交通事故，每年的死亡人数近万人。

天津是国家最重要的化工产业基地，天津市化工产业的门类比较齐全，特别是危化品在运输过程中的危险更为巨大，运输过程中的事故发生量是最大的。2015年发生的天津港“8·12”瑞海公司危化品仓库特别重大火灾爆炸事故，人们至今还记忆犹新。

地震是天津市最具潜在威胁的自然灾害，造成的损失也是

① 天津市自然灾害的特征与防治对策〔J〕.自然灾害学报，2006.15（5）.

最大的。1976 年唐山大地震对天津市造成了重大影响。

雨涝也是天津市最为常见的自然灾害，天津处于九河下梢，是上游河流入海的通道，历史上曾发生过多次大洪水。随着海河治理的完成，现在大的上游洪水已不多见，但城市雨涝不时侵扰，成为近年来发生频率最多的一种灾害。

城镇燃气在促进城市经济发展、方便居民生活的同时，也时常发生泄漏、爆燃等事故。2018 年 7 月 28 日，天津市商业区滨江道附近因第三方施工，燃气管道遭外力破坏，导致燃气管道泄漏，虽然 3 个小时后恢复了供气，但仍对该地区的商业活动造成了一定影响。

二、社区灾害事件的描述整理

每种灾害类型都以其独特的方式影响社区。而且，灾害类型的数量、持续的时间或强度不同，所产生的结果也不一样。此外，同一种类的灾害会因不同地理条件、发展状况、人口密度、建筑物年龄等，以不同方式影响不同的社区。因此，收集的资料要反映出这些特征。收集资料信息的程序和方法如下：

1. 编制社区概况

社区概况包含的信息如下：

（1）社区的位置：表述社区的地理特征、气候及周边的道路交通系统等。

（2）社区的人口：表述社区人口的数量、性别分布、年龄分布、居住的外国人情况、就业状况、人员的健康状况等。

（3）社区及其周边的土地使用和开发状况、社区物产的属性（是国企还是私企开发）等。

（4）社区内的企业和社会组织的状况等。

（5）社区的关键基础设施及与其有联接的基础设施状况等。

（6）社区的公共卫生设施的情况、社区周边的公共卫生设施及服务的情况等。

（7）社区公共安全管理的情况，社区网格的分布及划分、社区网格员的分工及职责、主管社区公共安全各机构的职责、位置及联系方式等。

（8）应急警报系统覆盖的区域、未覆盖区域通知的方式等。

（9）社区可能受影响的主要灾害：如地震、洪水、风暴等自然灾害，火灾、停电、危化品事故的事故灾难，传染病、食物中毒等公共卫生事件。

2. 在电子地图上标注事故、灾害和隐患信息

在电子地图上要标明遭受各种灾害的发生时间及持续时间、地域范围、影响形式、扩散范围、造成的损失等。图件要在国家提供的基础电子地图上完成，绘制要尽量做到全面、精确，

并尽可能采用新资料。其简洁如同轮廓图，其精细如同地理信息系统图。

3. 收集整理灾害事件的描述资料

将灾害事件整理出来，并在电子地图中通过标注完成描述，将所在社区收集的各种灾害的相关信息反映在电子地图中，标明历史上各种灾害的危害范围，标明现实生活中的隐患及可能造成的影响。

描述资料主要包括以下内容：

（1）事件发生的位置和受影响的区域：对社区造成影响的发生在社区内的或邻近社区的事件，目前未影响社区但今后有可能影响社区的发生在其他区域的事件。

（2）事件发生的时间：流感、洪水等季节性较强的事件容易发生的时间段。

（3）事件造成的损失：人、财产、经济损失、应承担的法律成本等信息。

（4）事件造成的影响：可以用高、中、低进行表述。

4. 记录灾害事件描述资料的档案

在电子地图标注的基础上，还要将所整理的基础材料有效地记录下来，以保证每次灾害概况所做的调研得以保存，清晰地记录好绘制电子地图的资料来源。将上述资料整理好存入档案。

三、社区主要灾害的假设情景

社区的主要灾害情景有两大类：一类是因自然灾害和事故灾难而引发的破坏地上设施造成人员伤害的事件，简称“伤害事件”；另一类是因传染病、食物中毒、毒品泄露、生物袭击、放射性泄露等事件直接对人体产生伤害的事件，简称“公共卫生事件”。

1. 伤害事件的假设情景

（1）伤害事件会导致大量伤亡，成千上万的人失去家园，房屋遭到破坏，并在建筑物破坏中受到外力伤害。

（2）伤害事件有可能迅速造成地方政府瘫痪，特别是事发地的基层政府的应急响应能力瘫痪，需要上级政府紧急支援。

（3）在伤害事件发生后的 24 ~ 48 小时（或更长）内，管理部门难以获得详细可靠的灾害信息。因此，应急响应行动，不必等到全面、详细的信息或得到关键需求评估后才开始。

（4）伤害事件的性质和范围包括重大自然灾害，如洪水、地震，也包括事故灾难，如火灾、化学品爆炸、放射性泄露和网络袭击。

（5）伤害事件可能在没有或几乎没有预警的情况下发生。某些伤害事件发生很长一段时间以后才被检测到。

（6）有时候，在相邻地区或不相邻地区，同时或相继发生多起突发事件。有些伤害事件，如危化品爆炸可能引发大面积危化品的泄露扩散，没有确定的事发现场。

（7）伤害事件会产生环境影响，对政府和社区及时保护居民提出特别要求。

（8）伤害事件可能会发生有组织的或自发的大规模撤离疏散。

（9）受伤害事件影响的现有的医疗护理系统预计很快不堪重负，为了保持运转，需要从这些机构中撤离现有病人，以适应病人不断增加的工作负荷。

（10）伤害事件造成的临时安置可能需要延长期限，一些避难场所需要专业人员照顾和医疗护理援助。

（11）大量的家养宠物被丢弃，需要照顾和医疗护理。

（12）伤害事件会造成相当大的国际影响，包括对边境地区人群健康和福利的影响，对跨境贸易、转运、执法协调和其他方面的影响。

2. 公共卫生事件的假设情景

公共卫生事件是指人类自然发生的传染性和非传染性的疾病以及恐怖主义事件而引发的传播病菌、病毒而带来人身疾病的事件。还包括环境中发现或在动物中诊断出的有可能传播给人类的病菌或病毒（即人畜共患疾病）。其主要的假设情景是:

（1）公共卫生事件可能通过直接接触被传染的个人或动物、

污水池（包括污染的表面或大气扩散）、带菌昆虫或被污染的食品和水得以传播。污染物品也可作为疾病间接传播工具。在间接传播中，手也可能起重要作用。造成人员的大范围感染，危及人的生命、身体健康。

（2）公共卫生事件可能同时涉及多个省、区、市，一个地区出问题波及多个地区。

（3）对接触传染和非接触传染的公共卫生事件的应急响应，由于对传染的病原体和病毒的认识处于未知状态，基层疾病控制机构缺乏检测能力，前期判断的准确性受到置疑。

（4）公共卫生事件中的病原体、病毒的传播，不管是自然的还是故意的，必须通过临床和医院的实验室检测，做出科学的认定。当然，环境监控技术，生化袭击监控系统、传染病症状监测系统等也可发挥作用。生物病原体的早期检测提供了采取前期有效措施的机会，为减轻疾病爆发具有特别重要的意义。

（5）日常的鱼类和野生动物卫生与疾病监控，包括在自然中和公共实验室内进行野生动物死亡率事件调查为早期检测生物病原体和生物恐怖主义行为提供机会。农业方面的动物卫生监控具有类似的效果。

（6）基层的管理机构，特别是公共卫生管理机构，不具有单方面应对处置影响多个地方的非常规疾病爆发和污染事件中出现的许多复杂问题的能力，因为缺乏专业知识和人力物力资源。

（7）各地疾控中心要对公共卫生事件的前期应急响应提供分析支持，对人类传染性疾病和可能的影响范围进行公共卫生评估，并通报评估结果。疾控中心的应急响应还应对环境和临床取样做出权威性检验，对相关的食品取样分析检验予以支持（食品取样分析检验是人类生物传染病应急调查的一部分）。

（8）故意行为造成的传染病爆发是犯罪行为，需要具有犯罪处置专门权力的部门参与。对故意行为造成的传染病威胁或公共卫生事件的调查，应进行犯罪和流行病联合调查。

（9）在公共卫生事件中，国家及地方官员需协调配合予以应对。公共卫生事件还可能影响其他国家，或引起国际关注，因此涉及与国际卫生界的广泛协调，如：向世界卫生组织和国际卫生条约中的其他国际卫生组织通告，这涉及外交部门的工作。

四、社区现有资源清单的编制

全面了解自然灾害、事故灾难、公共卫生事件可能产生的影响后，就需要建立一份易受损失的资源清单。首先，制定一份社区资源表，并在图上标出易受损失的资源，尤其要关注社区内紧急和重要的资源。下面是在资源清单中要考虑的一些重要的类别：

——确认社区内重要的关键设施。交通系统、公用基础设施系统、损失风险很大的设施、危险物品设施（加油站、加气站等）和必不可少的基础设施。

——确认有特殊需要的人群。如非汉语的人群、老年人、儿童、残疾人或可能需要特殊援助的人群。

——确认经济单位。如社区内主要的企业和事业单位，如果这些企业和事业单位遭到破坏，可能对当地或整个地区的经济产生巨大的影响。

——确认需要特别予以考虑的地区。如高密度住宅区、学校或工业和商业开发区。如果这些地区遭受破坏，会导致很高的伤亡率。

——确认历史、文化和自然保护区。这些区域包括中央和省、市、县依据法律确定的需要保护的历史、文化和自然的保护地区。

——确认其他重要机构和设施。确保社区灾后能够得到全面恢复。这些机构和设施包括政府职能机构、食品生产和供应企业，还有一些与人群生存密切相关的企业，如燃气、暖气、供水、供电设施等。

每个社区都会有一些需要特别考虑的因素，还要对设施易损性作出描述与分析。当潜在的危险因素并不总是对其所在地有影响时，如水坝对下游的其他城镇的影响，进行危险性分析时还需要一并考虑临近社区和区域的危险性和影响。

在列出资源清单的同时，还要估算建筑物总数、建筑物总价值以及每个危险地区的人口总数。做这项工作可借助之前绘制的灾害图。在图上标注和确认财产时，无论这些财产是否位于危险区，都要充分考虑当地的潜在灾害。这将为人们提供一幅广阔的画面，展现某一潜在的灾害危险性可能造成的破坏内容。

基于上述信息，可以完成一份详细清单。这份清单的完成是在先前工作的基础上进行的。除去未受威胁的区域，绘制的当地灾害图能够明确标出救助重点。通过评估，还应确定每一建筑物内财产的价值及功能价值，基础设施越是必不可少，其功能价值越高。另外，还要考虑如果需要转移这些设施，应确定转移所需的搬运成本。

下列信息也具有重要意义：负荷能力、建筑类型、地基类型、建筑法规设计标准、建筑年代、屋顶材料及结构、周围绿化、地形、距危险或隐患区域的距离，都是列出详细财产清单的重要内容。

五、估计社区资源损失情况

最后的步骤是综合所收集的材料，提出一份预计自然灾害、事故灾难和公共卫生事件对人群、建筑和其他重要财产造成各项损失的估计值。当遭遇相同的情况时，一些建筑、基础设施或功能设施更易受损，这是由它们的位置和结构决定的。估计损失时应充分考虑下列因素：

（1）应通过对建筑物及其内部财产损害的估计来确定受损程度。

（2）要估计造成设施功能发生故障的时间或建筑物不能使用的时间。

（3）要估算每次造成的人员损失和对人员健康的影响。

注意要将预警时、发生时以及事后恢复所造成影响的一系列特征考虑在内。

最为重要的是，为了减少伤亡，拯救生命，应该关注需要改进的区域。对于可能影响社区的每一次自然灾害、事故灾难和公共卫生事件都必须完成上述过程，然后才能绘制一张综合的自然灾害、事故灾难和公共卫生事件分析图。

在资料分析的基础上，可以提出一些针对提高社区应急管理能力的报告。报告的分析结论可以广泛共享，用于应急准备、应急响应、灾后恢复和自然灾害、事故灾难和公共卫生事件减轻计划。完整的自然灾害、事故灾难和公共卫生事件分析的好处具体如下：

（1）使应急管理人员设定优先级别和目标，使其与社区公共保护需求程度相适应。

（2）可以获得影响特定区域的每一次重大事故、自然灾害和公共卫生事件的描述性信息，以及其类似性和差异性的比较方法。

（3）可以证明修改应急管理计划决定的合理性。

（4）可以为资源划拨和预算申请提供合理的依据。

（5）可以证明修改社区应急服务计划和预算决定的合理性。

（6）可以证明修改计划、土地规划和调整建筑法规以减轻或缩小现在或将来的灾害危险性决定的合理性。

（7）有助于确定应急管理技术和研究的需求。

（8）有助于政府机构对减灾工作的理解，促使其采用预防、减灾措施，增加相关管理的预算。

总之，我们可以看到自然灾害、事故灾难、公共卫生事件分析是应急管理计划编制和决策过程中一个关键部分。需要鉴别和分析对社区具有重大威胁的自然灾害、事故灾难、公共卫生事件。计划和优先考虑的项目必须根据自然灾害、事故灾难、公共卫生事件特性决定。每一个社区应该对其可能面临的所有自然灾害、事故灾难、公共卫生事件进行分析。关键是对所在社区的自然灾害、事故灾难、公共卫生事件危险性分析的所有步骤不应由所在社区的应急管理人员一人完成，与之相关的所有公共和私人团体都要参与这项工作。可以有许多人员参与编制社区灾害危险性分析报告，这些分析人员也将是减灾计划中的重要因素。

第二章　社区应急救援资源的确认及准备

在完成社区的自然灾害、事故灾难和公共卫生事件的风险辨识和危险性分析后，应转入社区应急准备阶段。在这个阶段主要是确定应对已知的自然灾害、事故灾难和公共卫生事件危险所需的资源，并对其汇总、列表。主要包括：可实施救援的机构、救援工作人员和救援所需防护物资及装备。特殊人群的需要和关键的易损设备也要列入表中。还要考虑特殊人群安全疏散所必需的专用物资。

编制一份社区应急资源列表，是计划编制过程中必不可少的工作。当自然灾害、事故灾难和公共卫生事件发生时，社区应急管理人员不可能有时间现场编制所需资源列表，社区也没有能力满足所有需求，这时应急管理的协调工作尤显重要。必须尽力协调社区内居民和公共利益各方当事人，必要时需要街道办事处、乡镇政府、区政府、市政府或省政府进行协调。

一、确认对社区突发事件实施救援的主要机构

以社区为半径划定一个范围，确认对社区发生突发事件可以实施救援的机构，是确认社区应急资源的主要内容。社区附近的社区医院、消防中队、公安派出所、基础设施维护和维修站点（如燃气服务站、供水站、供暖站、电力设施的维护机构以及道桥的维护保养单位等），都是社区发生突发事件后可以求救的单位，也是能够快速响应救援的机构。上述机构承担着专门的应急救援职责，可以迅速处置各类突发事件所引发的应急救援、生命抢救、秩序维护、生活安置等职责。

同时，在社区周边的一些重要单位，也可能成为自然灾害、事故灾难、公共卫生事件发生时进行救助的重要力量。如驻在社区附近的解放军、武警部队、警察机构等，还有大型企业事业单位、重要的商业设施等。上述单位及设施虽不是直接服务于应急救援的专门机构，但当人民群众面临重大生命财产威胁时，它们可以承担服务人民、保护人民的职责，保护人民的生命财产安全。重要的不在于这些机构的调动权在谁，而在于上述机构能够对所在社区快速实施救援，可以有效承担职责。

二、确认社区应对突发事件所需的装备

社区应对突发事件最为重要的是人和实施救援的机构，同时，救援的装备也很重要。形成社区救援的能力主要来自队伍、装备和周边资源三方面。

应急救援装备是形成应急救援能力三要素之一，建立应急救援装备储备是应急准备的重要内容。准备社区应急装备的主要方式是：

（1）调查了解可实施社区应急救援的机构所具备的装备能力。如本社区是高层建筑为主住宅，消防中队是否具备举高消防车，具备举高消防车的中队与本社区的距离是多少，可最快到达的时间，等等。要联系周边的救援机构，不仅要掌握其人员状况，而且对其装备也要有所了解，最好列表登记，全面掌握。

（2）了解掌握社区周边单位的可用于救援的装备情况。社区周边有大型公共汽车站，一般情况下，公共汽车站内停留车辆情况对于实施疏散具有特别的帮助；社区周边有大的建筑工地，建筑施工使用的挖掘机、起重机、推土机等大型施工机械，在面临重大房屋倒塌等事件时，是最快到达的可用于救援的大型设备。

（3）社区自身应配备的突发事件应对装备。根据安全规范的要求，住宅小区应配备的防火、防盗等专用设备是否齐全，设备是否处于正常使用状态，也是社区应急装备准备中最为直

接的内容。如高层建筑的消防装备是否齐全，社区的消防增压设施是否处于自动状态，也是实施检查的重要内容。又如在已进行清洁取暖改造的农村社区，要对区域供气站、供电站等场站的应急人员、设备等进行检查。社区应急管理人员要对此列表，建立检查制度，不仅要进行应急设施是否配备的检查，还要进行设施能否使用的检查。

（4）社区的应急储备。根据社区的风险辨识，全面掌握社区面临的最大风险，储备当社区发生突发事件时所需的应急装备。准备工作一是要根据上级的要求，全面储备上级配发的装备，如小型消防装备、防毒装备以及个人防护物资及装备；二是根据自身需要，储备本社区有特殊需要的装备，如有些社区老年人居多，发生火灾时，老年人的自我保护装备就应成为应急装备储备的重要内容；三是鼓励社区居民自身储备的应急装备，如市场上有各类家庭应急包，包内有绳索、照明、防毒保护，以及延续生命的水、食物等，是家庭进行应急储备的很好选择。

三、社区应对突发事件的主要方式——疏散

（一）疏散的主要方法

根据突发事件的严重程度，实施对社区居民的有效保护。

疏散是保护效果最佳和最容易实施的方式之一，可以用于直接减轻对社区居民的威胁。主要方法是:

（1）将居民疏散至远离危险的区域，直到安全后再返回。

（2）可采用的疏散方式多种多样，主要取决于突发事件的影响范围。当影响范围较小时，可就近建立避难场所，如因事故造成单体建筑物损坏，可征用就近的学校、公用建筑物等建立临时避难场所。如天津港“8 · 12”瑞海公司危化品仓库特别重大火灾爆炸事故发生后，天津经济技术开发区就临时征用了附近的中小学，建立临时避难场所，安置受事故影响的居民。当影响范围较大时，需要紧急转移居民至远离自然灾害、事故灾难、公共卫生突发事件发生和影响的区域，此时就需要远距离的疏散。如 2017 年，美国受到飓风“艾玛”的影响，加勒比海地区大疏散就是远距离疏散的典型，此时就需要针对不同的人群需求进行组织。对于具有自行疏散能力的人群，组织自行疏散，投亲靠友，自找避难场所；对于无疏散能力的人群，要协调有效运输工具和避难安置场所。对远距离疏散，保障交通秩序就成为至关重要的措施。

（3）寻求一些无须将居民撤离事故或灾害危险区域，又可以对其进行有效保护的方法。在专门的危险化学品工厂、仓库，建设一些专用于防范危险化学品的专用设施，如符合防范标准的钢筋混凝土建筑等。

《中华人民共和国突发事件应对法》第十九条规定："城乡规划应当符合预防、处置突发事件的需要，统筹安排应对突发事件所需的设备和基础设施建设，合理确定应急避难场所。"社区所在的地方政府应将预防和处置突发事件所需的设备和基础设施建设列入城乡规划之中，特别要在城乡规划中建设避难场所，这是地方政府不可推卸的责任。现在，各地方政府将划定避难区域、建立避难场所作为应急准备的重要工作之一。

根据《中华人民共和国突发事件应对法》第七条规定："县级人民政府对本行政区域内突发事件应对工作负责……"社区一级的突发事件应对工作由所在地的县级人民政府全面负责，人群安全保护的全部责任也由县级人民政府负责。县级人民政府承担突发事件应对工作的机构，就是县政府的应急管理局。县人民政府应急管理局代表县政府，全面承担组织指挥突发事件应对的职责，可与社会组织进行合作，共同完成救助工作。红十字会是主要合作的社会机构之一。避难场所建设应充分利用现有的学校、体育场馆以及其他大型城市建筑的食物供应和卫生设施。

（二）选择避难场所的原则

选择和建设避难区域和避难场所要考虑的一些问题，必须遵循下列原则：

（1）避难场所必须是灾后可以使用的，如处于假期中的学校。

（2）避难场所的位置要避开城市低洼区域，避免洪水来袭时被淹泡。

（3）必须明确避难场所的运行机构和人员，充分考虑避难场所的服务能力。

（4）避难场所既要在危险区域之外，又不能远离危险区，要靠近主要的交通要道和交通设施。

（5）避难场所应储备足够的设备，包括：供暖、照明、通风设施、食品供应设施、卫生设施、停车场、治安设施、消防设施和辅助发电设备。

（6）避难场所必须便于受残疾人法保护的、有特殊需求的人群使用。

（7）避难场所必须满足大众护理和避难所需的时间要求。

在寻找选择避难场所地点时，这些原则仅仅是少数先决条件。避难场所的建设工作必须由县级人民政府负起责任，县人民政府应急管理局在建设避难场所的过程中，可采取与社会组织合作的方式。要建立并维护一份用于社区居民防护的、最新的避难场所清单。

另一个需要着重考虑的是，实施疏散时，一定要标明主要的和辅助的疏散通道。一旦确定了疏散通道，还必须标明交通管制点和路口控制点。

最后，居民必须知道往哪里疏散。通过所有可能的方法，确保辖区内全体居民都知晓所在社区的避难场所的位置。

总之，社区具有完整的、最新的所有可利用资源的清单非常重要，如帐篷、工作人员、各种设备等，这将有助于人们对危害社会的任何自然灾害、事故灾难、公共卫生事件及时作出反应。在防灾准备中，对有特殊需求的居民和易损设备给予特别考虑，也是很重要的。要确保所有居民都明了社区避难场所的位置和疏散线路。

编制《社区资源手册》，有助于社区持有一份可用于社区遭遇自然灾害、事故灾难、公共卫生事件时有关工作人员、设备、补给的清单。手册可以提供有关易损设备、特殊需求居民和关键设备的联系方式。

四、社区应对传染性疾病的主要方式——隔离

《中华人民共和国传染病防治法》第三十九条规定：

医疗机构发现甲类传染病时，应当及时采取下列措施：

（一）对病人、病原携带者，予以隔离治疗，隔离期限根据医学检查结果确定；

（二）对疑似病人，确诊前在指定场所单独隔离治疗；

（三）对医疗机构内的病人、病原携带者、疑似病人的密切接触者，在指定场所进行医学观察和采取其他必要的预防措施。

拒绝隔离治疗或者隔离期未满擅自脱离隔离治疗的，可以由公安机关协助医疗机构采取强制隔离治疗措施。

医疗机构发现乙类或者丙类传染病病人，应当根据病情采取必要的治疗和控制传播措施。

按照《中华人民共和国传染病防治法》的规定，传染病隔离是将处于传染病期的传染病病人、可疑病人安置在指定的地点，暂时避免与周围人群接触，便于治疗和护理。通过隔离，可以最大限度地缩小污染范围，减少传染病传播的机会。

隔离是为避免传染病病人传染他人，而将病人与其他人隔开的措施。一般根据各种疾病传染性的大小和传播途径的不同，采取不同的隔离措施。根据传染病传染的强度及传播途径的不同，采取不同的隔离方法。比如：

1. 严密隔离

适用于霍乱、肺鼠疫、肺炭疽、SARS 等甲类或传染性极强的乙类传染病。具体隔离方法是：

（1）病人住单间病室，同类病人可同住一室，关闭门窗，禁止陪伴和探视病人；

（2）进入病室的医务人员戴口罩、帽子，穿隔离衣，换鞋，注意手清洗与消毒，必要时戴手套；

（3）病人分泌物、排泄物、污染物品、敷料等严格消毒；

（4）室内采用单向正压通气，室内的空气及地面定期喷洒消毒液或紫外线照射。

2. 呼吸道隔离

适用于流行性感冒、麻疹、白喉、水痘等通过空气飞沫传播的呼吸道传染病。具体隔离方法是：

（1）同类病人可同住一室，关闭门窗；

（2）室内喷洒消毒液或紫外线照射；

（3）病人口、鼻子、呼吸道分泌物应消毒；

（4）进入病室的医务人员戴口罩、帽子，穿隔离衣。

3. 消化道隔离

适用于伤寒、细菌性痢疾、甲型肝炎等通过粪—口途径传播的疾病。具体隔离方法是：

（1）同类病人可同住一室；

（2）接触病人时穿隔离衣、换鞋，手清洗与消毒；

（3）患者粪便严格消毒，病人用品、餐具、便器等单独使用并定期消毒，地面喷洒消毒液；

（4）室内防杀苍蝇和蟑螂。

4. 接触隔离

适合于狂犬病、破伤风等经皮肤伤口传播的疾病。具体隔离方法是：

（1）同类病人可同居一室；

（2）医务人员接触病人穿隔离衣、戴口罩；

（3）病人用过的物品和敷料等严格消毒。

5. 昆虫隔离

适用于通过蚊子、蚤、虱、蜱、恙螨等昆虫叮咬传播的疾病，如疟疾、斑疹伤寒等。具体的隔离方法主要是：

病室内有完善防蚊设施，以预防叮咬及杀灭上述医学昆虫。

隔离时间的长短应根据该种传染病的最长传染期而定。原则上是以病人没有传染性不能再传染他人为度。

除传染病病人外，接触传染病病人的接触者也应隔离观察，称为留验。留验期间，如接触者发病则应立即隔离、治疗。若接触者未发病，观察期满即可解除隔离。观察期应按该种传染病的最长潜伏期计算。

经国务院批准，国家卫生健康委员会发布2020年第1号公告，将新型冠状病毒感染的肺炎纳入《中华人民共和国传染病防治法》规定的乙类传染病，并采取甲类传染病的预防、控制措施。为此强化了各种管控措施，其中隔离就成为预防、控制措施的主要方式。对于隔离治疗、居家隔离等发布了指导性文件。民政部、国家卫生健康委发布了《关于进一步动员城乡社区组织开展新型冠状病毒感染的肺炎疫情防控工作的紧急通知》，要求各社区把社区防控工作作为疫情防控的基础环节抓紧抓好，充分发挥城乡社区组织工作优势和社区、社会组织、社会工作联动机制协同作用，广泛动员群众、组织群众、凝聚群众，切实做好疫情监测、信息报送、宣传教育、环境整治、困难帮扶等工作，全面落实联防联控措施，构筑群防群治的严密防线。

第三章　社区应急预案的编制

依据《中华人民共和国突发事件应对法》拟定预案是社区工作的一项重要的职责。社区负责应急管理的人员要确保社区备有应急响应预案，这份预案对可能影响社区的灾害能够做出令人满意的应急响应。《天津市实施〈中华人民共和国突发事件应对法〉的办法》，特别强调了社区预案编制的要求。

预案应该由应急管理人员与所在社区负责人、应急响应单位、志愿者小组和在实际的紧急情况下负有责任的其他人员合作，共同完成。这样可以确保计划完整而详备，如同大型设备由分级组装完成，而不是由某一个不具备全面知识的人作出决定。

为了帮助编制预案，组织街道、乡镇负责人参加应急管理培训，提供应急预案编制课程，可以帮助有关人员熟悉应急预案编制过程。

一、建立预案编制小组

编制预案对于将要参与突发事件应对的人员来说是重要的，预案编制的关键是“过程”。通过共同编制预案，将参与突发事件应对的人员全面参与预设过程创制，使其不仅熟悉预案内容，还了解预案产生的全过程。预案不是单独写作的产物，是大家共同制定的结果。

建立预案编制小组，将在今后应对突发事件主要岗位的人员组织起来，共同编制预案，是预案编制过程中不可缺少的步骤。一般情况下，预案编制小组由社区管理机构的负责人负总责，社区应急工作人员承担主要任务，参与人员必须由在社区中担负救援、生命抢救、秩序维护、人员疏散安置、社区公共卫生服务机构、社区相关基础设施维护维修职责部门的人员组成。编制小组组成后，大家共同调研，实地考察社区内各类设施，研究寻找最大风险点，构建社区可能出现的自然灾害、事故灾难、公共卫生事件情景，评估应对能力，大家共同努力，全程共同编制预案。

二、风险辨识与情景构建

在预案编制小组的共同参与下，大家可以通过历史和现实两方面寻找社区面临的主要风险，完成社区历史灾害图和现实隐患图的绘制。在历史灾害图和现实隐患图的绘制过程中，研究社区可能发生的自然灾害、事故灾难、公共卫生事件的情景。社区面临的主要事故和灾害情景一般表现在以下两个方面：

一方面，是社区发生的自然灾害、事故灾难、公共卫生事件。如社区范围内的火灾、爆炸、塌陷或社区人员患传染病等引发的突发事件。一般情况下，此类事件的发生及影响局限于社区内，需依靠社区内的力量进行初期响应，社会上的整体救援力量可迅速到达并实施救援。

另一方面，是社会上发生的自然灾害、事故灾难、公共卫生事件。如：发生地震、爆炸、城市内涝、突发传染病等事件，对社区整体造成影响；发生房屋倒塌、断水、断电等。整个社会处于突发事件的应对过程中，社会救援力量需要总体安排或已受到一定损害，短时间无法到达，也需要社区救援力量进行初期响应。

三、明确应对任务

构建突发事件可能的情景后，必须明确应对的任务。应对任务要从预防、防范和处置 3 方面来进行，通过列表的方式根据社区情况进行具体选择。

1. 预防性任务

（1）获取社区内重大危险源和重大隐患（如加油站、供气站等）的监测信息；

（2）收集与识别社区内危险状态信息，如对社区内塌陷区域发展趋势的信息进行研判；

（3）分析社区内有关危险状态信息，如对大风天气状态下社区高层建筑物可能脱落物状态的信息分析；

（4）社区内人员患病的信息，特别是患传染病信息的分析，做流行病学调查，预防传染病在社区爆发。

2. 防范性任务

（1）保护人民群众财产；

（2）保护社区内重要设施；

（3）保护社区内具有高度危险性的重要设施；

（4）防护社区内存在的实验室试验（未知状态）；

（5）对社区人员采取防护措施，防范传染病对社区的侵袭。

3. 处置性任务

（1）事件损害的现场评估；

（2）预警信息、紧急信息的发布及传递；

（3）燃气泄漏事件的响应；

（4）火灾事件的响应；

（5）爆炸装置的应急处置；

（6）重大传染病事件的隔离与检疫；

（7）搜寻与救援的实施；

（8）环境的监测与管理；

（9）环境卫生的管理；

（10）突发事件的现场管理；

（11）人员的疏散及避难场所；

（12）大批量人员的安置，安置场所、食品供应等相关服务；

（13）大批量人员的防疫；

（14）大批量伤员的处置；

（15）死亡人员的处置；

（16）紧急情况下的公共安全防范及安保响应；

（17）重要物资的运输与发放；

（18）应急人员的安全与健康管理；

（19）志愿者的管理与接受捐赠。

四、评估应对能力

在应对任务明确的前提下，进一步确定完成任务所需要的措施。应对措施必然带来人员、装备及资源的问题。以应对措施为纽带，从人员、装备和资源 3 方面完成对应对能力的评估。

表 3–1 说明在造成人员伤亡的情景下，需要的应急救援能

力及资源的情况。这是我们针对具体事件造成的伤害进行评估的基础，也是由此推断需要准备的医学救治能力的方法。

表 3–2 是以消防车为基本力量单元，计算形成消防及救援能力的关系表，反映了消防车能够聚集的救援人员的数量，以及其所在位置与事件发生地之间的时间关系，从而确定救援车辆到达的时间以及能够形成的救援能力。

表 3–1　损害与所需应急能力及资源表

<table>
<tr><th>损害</th><th>特征</th><th>应急能力、资源</th><th>单项能力、资源（举例）</th></tr>
<tr><td>死者</td><td>无</td><td>社会心理应急服务（PSNV）</td><td>遗体袋，停放容量，漂白粉，应急心理疏导员</td></tr>
<tr><td rowspan="5">伤员</td><td>轻伤 –T3</td><td rowspan="5">病人救护
救援
医院
正式医生
社会心理应急服务</td><td>医疗救护队</td></tr>
<tr><td>二级重伤 –T2</td><td>医院、病房</td></tr>
<tr><td>一级重伤 –T1</td><td>医院、特护病房</td></tr>
<tr><td>无生还希望 –T4</td><td>应急心理疏导员</td></tr>
<tr><td>特殊伤员</td><td>特殊（烧伤和隔离治疗），搜救</td></tr>
<tr><td rowspan="4">患者</td><td>门诊治疗</td><td rowspan="4">病人救护
救援服务
医院
正式医生
专科医院
社会心理应急服务</td><td>医疗救护队</td></tr>
<tr><td>住院治疗</td><td>医院、病房</td></tr>
<tr><td>急诊治疗</td><td>强化治疗</td></tr>
<tr><td>特殊病患</td><td>特殊（隔离治疗，人工呼吸治疗……）</td></tr>
</table>

表 3-2　消防及救援能力关系

车辆类型	使用领域	人员	数量	所在位置
小型消防车	灭火	中队		
消防车队	灭火、救援	组		
消防水罐车	灭火	小分队		
云梯	救援	小分队		
消防技术救援车	救援	小分队		
危险品器材车	危险品消防	小分队		

表 3–1 和 3–2 说明应从自然灾害、事故灾难、公共卫生事件所造成的损害来形成应急的任务、应对的措施。一方面是应急救援能力需求所要求的，另一方面则是从救援能力到救援人员再到救援装备所反映的应急救援能力的形成过程。这两方面反映了救援任务与救援措施再到救援能力之间的关系，特别是数量关系。这是计算现有救援能力与自然灾害、事故灾难、公共卫生事件本身关系的基础，不仅能够找到现有救援能力的可救援的最大值，也能反映出现实救援能力与可能出现的自然灾害、事故灾难、公共卫生事件情景欠缺的装备及人员情况。

五、预案编制中要特别注意的问题

在社区编制预案的过程中，必须要特别关注以下重要事项：

（1）考虑社区所在区街制定的长期发展规划和战略计划，这些规划和计划是所在社区应急预案的重要内容。

（2）受灾期间没有时间制定预案，也没有时间与其他响应人员研究或更改预案。

（3）任何突发事件都发生在具体的地方，突发事件的问题永远是基层社区首先面对的问题，社区必须准备好应急预案和所有可利用的资源。

（4）灾害情况可能会很快超出所在社区的应对能力，此时，与邻近社区协调一致、互相支援就非常重要。能够随时将社区情况通报所在地区的应急管理部门是非常关键的步骤。

（5）预案编制要针对全部灾害。无论人们出于什么原因（火灾、危险物质、洪水、传染病等多种突发事件）离开家园，他们都需要避难所、食物、防护物资和医疗救助。因此，制定应急援助预案时，应当考虑到各种可能影响社区居民的灾害。

（6）预案应该详细且扼要。

（7）训练或演习预案。当灾害发生时，将没有时间考虑预案是否完备，因此要对预案作训练或演习。

（8）预案需要定期更新和检查。当住户迁居、电话号码变更、社区人口和建筑物改变时，都要对预案进行修改。应急管理部门建议，对预案的各部分检查核对应该至少每两年一次，对通告名单和资源手册的检查核对至少一年一次。

预案编制过程是困难而且繁杂的。重要的是社区应急管理人员和预案编制小组要牢记，预案的目的是保护当地居民。在各种预案汇总的过程中，编制小组将可以评估出当前社区具备的应急救援能力，同时也会发现当前区存在的应急救援能力的不足，这是编制救援预案所要发现的重要问题，并要为此采取进一步措施，以补足救援能力的欠缺。

我们在附录中拟定了一个社区预案框架“模板”，以供社区编制应急预案时参考。

第四章　社区的应急指挥

当灾害发生时，应急响应有两个问题最为重要：一是由谁作出响应；二是在什么地方作出响应。对此需要研究社区的应急指挥机构应如何构建以及指挥场所应如何搭建，要从人和物两方面考虑如何建设社区应急指挥中心。社区应急指挥中心是当灾害发生后实施救助和恢复的决策中心，是形成保护社区居民生命财产安全整体行动能力的中心。社区应急指挥中心的建设具有特别重要的意义。

一、社区应急指挥——应急工作组

（一）社区应急工作组的设立

社区应急工作组由所在地乡（镇）政府、街道办事处负责组建和调整。社区应急工作组组长由所在地乡（镇）政府、街道办事处分管应急管理工作的负责人担任，副组长由社区居委会、村委会主任担任。城市社区应急工作组成员主要包括：居民委员会成员以及社区卫生服务中心、志愿者队伍、物业和驻社区公安机关等重点单位负责人。农村社区应急工作组成员主要包括：村民委员会成员以及乡（镇）卫生院、志愿者队伍、民兵预备役和驻社区公安机关等重点单位负责人。

（二）社区应急工作组的职责

社区应急工作组的职责主要包括：

（1）落实风险隐患排查，协助整改工作；

（2）落实突发事件预防工作；

（3）组织编写、修订社区应急预案；

（4）负责应急物资的管理、使用和发放；

（5）组织开展应急知识科普宣传活动；

（6）组织开展应急工作组和应急志愿队伍的培训和演练；

（7）组织开展突发事件预警响应、先期处置，协助乡（镇）政府、街道办事处或职能部门开展应急处置工作。

（三）社区应急工作岗位

社区应急工作组设立综合联络岗、抢险救灾岗、后勤保障岗、治安保卫岗、医疗救护岗和人员疏散岗等岗位。

（1）综合联络岗。负责预警预报、应急处置信息的接收、汇总和传递等。

（2）抢险救灾岗。负责突发事件现场的抢险救灾、应急救援和伤员救治等。

（3）后勤保障岗。负责救灾物资的接收、发放和生活必需品的筹集、管理工作，以及临时疏散安置场所的维护保障工作。

（4）治安保卫岗。负责治安管理、安全保卫和突发事件现场秩序的维护工作。

（5）医疗救护岗。负责受伤人员的简单救护，协助卫生部门落实各项防控措施，在卫生部门指导下协助做好灾后卫生防疫工作。

（6）人员疏散岗。负责人员疏散、引导和秩序维护、居民安抚等工作。

（四）社区网格员

社区网格员是在社区网格化管理组织中承担具体任务的工作人员。他们可以是领导干部、社区负责人、社区一般工作人员、教师、医生、警察等。

城市和农村社区实施网格化管理，是将管理辖区按照一定的标准划分成为单元网格，通过加强对单元网格的巡查，建立监督和处理互相分离的管理与服务模式。力争主动发现问题，及时处理问题，加强政府对社区的管理能力，提高问题处理速度，将问题解决在萌芽阶段。

社区网格员是一批直接面对群众的基层服务人员，是在社区、具有自己明确的辖区的从事具体服务工作的基本力量，是直接面对面接触群众的。社区网格员必须具备为群众服务的认识和为群众服务的基本本领。

社区网格员的主要职责是:

（1）采集录入人口、房屋、事件等各类社区管理中的基础信息;

（2）及时排查上报矛盾纠纷、不安定因素、不安全隐患等各类动态信息;

（3）开展法制和治安防范宣传，服务帮助空巢老人、孤寡老人、残疾人、留守妇女儿童等特殊群体;

（4）协助社区及相关部门救治、管控肇事肇祸精神病人，协助公安、司法行政部门对服刑在教人员、刑满释放人员、社区矫正人员等进行帮教和管控;

（5）在社区开展传染病病例监测追踪、科普宣教、健康提示、信息报告、爱国卫生运动等综合防控工作，有效控制疫情扩散和传播;

（6）为群众代办相关部门延伸的基本公共服务事项;

（7）协助社区开展其他社会服务管理工作；

（8）完成上级综治部门和网格管理机构交办的其他工作任务。

二、社区应急指挥中心的场所

社区应急指挥中心是应急工作组在平时值守和灾害发生时的工作地点，必须具备一个能与社区管理者一起工作，具有相应通信设施的并可以容纳 6 名以上工作人员的场所。如《天津市社区应急工作规范》中规定："具备条件的社区，可设置应急办公室及值班室、应急器材库、红十字应急救护站、临时疏散安置场所等。"并要求应急办公室及值班室：应配备电脑、资料铁皮柜、资料盒、图书架等值班人员所需的办公用品和生活必需品；配备 24 小时开通的电话，有条件的可利用现有视频监控系统、局域对讲机作为应急信息传输手段；要悬挂社区应急组织机构图、社区应急工作组联络表、社区应急志愿者队伍组成图、社区突发事件应急处置流程图、社区应急预案体系图、社区紧急疏散路线图、社区紧急联络电话表等。

三、社区应急指挥中心的应急响应行动

当社区突发事件发生后，社区应急工作组进驻社区应急指

挥中心，成立应急工作班子，建立应急工作程序，社区应急工作组应该明确应急工作中各个阶段的应对措施。

在应急工作中，首要任务是快速判断情况，决定是否启动预案，进入应急指挥中心。社区应急指挥中心响应的4个级别是：

1. 四级应急响应

应急指挥中心处于正常的启动级别，收集信息，与受影响的管辖区或机构建立联系；应急管理机构人员充当应急指挥中心的工作人员；情势在控制之中；需求基本能满足。

2. 三级应急响应

应急指挥中心部分动员，收集信息并向媒体和公众发布信息，提供必要的协调，对资源需求作出反应；可以请求采取保护行动；应急管理机构和相关支持机构的人员到达应急指挥中心工作岗位；政府启动预案，发布紧急情况公告。

3. 二级应急响应

突发事件的情况要求较大的资源投入作出应对；应急指挥中心的工作人员与二级紧急状态相同，同时组成至少由1名所在地的市、区、县的行政首长负责的指挥小组；由市、区、县一级政府启动预案，发布紧急情况公告。

4. 一级应急响应

灾害可能广泛存在，对较大的区域造成威胁，要求整体动员，投入资源；应急指挥中心工作人员全部到岗，支持突发事件指挥系统；由相应政府启动预案，发布紧急情况公告，并请求上一级政府予以支援。

四、社区的应急救援队伍

（一）社区应急队伍的组建和管理

社区应急救援队伍的组建，应以志愿者为主要成分，充分依托物业、保安、社区志愿者、民兵预备役、驻区单位等现有力量，自愿报名，充分整合，一专多能。

应急工作组负责管理社区应急救援队伍，并协调职能部门组织开展必要的培训和演练。

（二）社区应急救援队伍种类

1. 义务消防队

城市社区义务消防队主要由物业和保安组成，可吸纳社区党员、楼栋长；乡村社区义务消防队主要由民兵预备役和保安组成，可吸纳社区党员、退伍军人等。义务消防队人数可按照与社区居民人数1:150的比例确定。应统一配备服装和消防用具，并组织定期培训、演练，做到懂消防措施、懂扑救家庭火灾方法、懂逃生自救常识，会报警、会使用灭火器、会扑救初起火灾。

2. 红十字应急救护志愿服务队

红十字应急救护志愿服务队主要由社区居委会（村委会）工作人员、热心公益事业和具有医疗救护等专业技能的志愿者、社区（村）居民等人组成。人数按照与社区居民人数1:200的比例确定，最低不少于10人。队员须接受红十字应急救护培训，熟练掌握心肺复苏、外伤现场救护、常见急症现场处理等基本应急救护知识和技能，基本掌握传染病预防、健康生活习惯、家庭安全注意事项等基本卫生知识，持有初级急救员证，定期培训、演练、复核。

红十字应急救护志愿服务队在社区内开办健康课堂，为社区居民义务讲解应急救护知识和技能以及基本卫生知识。对社区应急救护的基本需求和社区老年人、残疾人等重点人群情况进行调研，建立社区应急救护志愿服务档案。

3. 社区互助志愿服务队

社区应急工作组主导建立“社区应急互助计划”，建立以社区志愿者和社区成员为主的社区互助志愿服务队。社区互助志愿服务队对社区内的特殊人群，包括行动不便人员、独居老人等，建立“一对一”互助模式。在突发情况下，主动协助特殊人群进行应急避险、疏散撤离以及居家隔离中的扶助工作。

4. 义务宣讲队

社区义务宣讲队成员不限，可吸纳具有文艺或其他特长的居民参加。鼓励成员以多种方式向社区居民宣讲应急常识。宣讲队成员需定期参加应急常识培训。

五、社区应急响应的注意事项

为了保障社区应急指挥中心的有效运转，必须确立一系列工作步骤，保障应对各种紧急情况。下述事项应在应急响应中予以高度关注：

1. 争取上级政府领导的参与

应寻求上级政府领导的积极参与，政府领导是保护当地生命和财产的首要负责人。当政府领导到位后，应当为他们提供信息，以便决策。对于领导所作出的决策，应急指挥中心必须认真贯彻执行。

2. 向应急工作组的所有人员发出通知

通知的方式可以是链式反应，即一个人一个人地往下发出。如果有人未到岗，应有人员替代，以确保应急指挥中心每个岗位都有人值守。社区应急指挥中心的应急工作人员名单应根据情况变化随时更新。

3. 启动通信和支持设施

社区应急指挥中心如果不是一直在运转，就必须定时启动通信设备并检测。启动支持设施意味着从启动应急发电机到给热水壶接上电源的所有事情。

4. 准备日志、地图和紧急状态图表

在社区应急指挥中心启用事件日志是一件非常重要的事情。必须按照日志的式样和应急工作岗位人员的工作任务清单进行工作。特别需要注意的是，社区应急指挥中心必须准备所在社区及邻区的地图及相关紧急状态图表，以及必要的应急响应工作中所需要的物品。

5. 制定一份值班表

社区应急指挥中心需要运行一段时间，应当确保应急指挥中心的工作人员按时值班，以便保证不间断地工作。要安排值班和轮休，应急工作通常很紧张，不要使工作人员太疲劳。

6. 提供必需品

应当确保中心有适当的食品、衣物、折叠床、毯子、个人防护用品、必要的居家用品以及动力、加热和空气循环设备。

7. 公布应急响应简报时间表

让政府领导、工作人员和公众及时了解灾情和为保护生命财产所采取的行动、救援工作的进展、支援受灾人员的应急设施的启动情况。社区应急指挥中心一旦启动，应该向当地新闻媒体公布应急响应的有关情况，以便媒体了解社区应急指挥中心何时发布应急信息时间表，并做好接收准备。应急信息时间表也可以避免媒体干扰社区应急指挥中心的工作。新闻媒体对保持公众了解信息具有非常重要的作用，应该尽最大努力让新闻媒体知道正在发生的情况。可能的话，应安排新闻信息发布厅，该发布厅应远离应急指挥中心。

8. 安全安排

应当制作人员身份识别卡，以便掌握进入社区应急指挥中心的人员情况。当他们出示证件并在安全登记簿上登记后，才可以进入社区应急指挥中心，离开时也应该签字。

9. 建立谣言控制机制

紧急情况下往往会出现谣言，应急信息人员应该准备舆论宣传方案。

10. 准备计算机

计算机应该存储各种应急预案，包括指挥预案、工作任务清单和其他资源文件。需要注意的是，计算机应该有可靠、稳定的电源。计算机系统应该在发电设备供电的情况下进行全面测试，为防止计算机系统故障，还应该对各种应急手册文件进行备份。

11. 信息处理和保存

信息处理是指信息进出应急指挥中心和信息如何在应急指挥中心传递的方式。信息处理是任何应急响应成功与否的关键。

社区应急指挥中心的工作人员一旦进入应急指挥中心，每人要做的事都是事先确定的，每一个工作人员都应该有一本标准的工作程序手册。应该定时通报情况简报，以确保每一个人及时了解情况变化。

最后一个值得关注的问题是工作成败将很大程度取决于是否有完善的通信条件，包括应急指挥中心内部通信和与外部通信。就内部而言，标准形式的应用将保证信息是完全的，提供的信息可使工作人员易于识别。使用各种零碎的和没有任何格式的信息，会给工作人员造成很大的混乱。混乱的信息也会给对外处置协调造成困难。所有通过电话、无线电台或民间业余无线电紧急服务系统发射或接收的信息都应该有文字记录。文字记录之所以重要，是因为它记录了应急响应时所采取的行动。可以使用文字记录材料进行事后核实，一旦发生灾害诉讼，就需要这些文字记录材料。如果诉讼过程中法院和律师没有这些记录材料，将带来严重的不利后果。同样，也应该保存详细的财务用款记录。电话信息记录应该保存到所有发出或接受指令的日志中。记录信息后，应该将指令转送给相应的工作人员，以便执行。所有指令都经由一个岗位发出、接收，由这个岗位将指令分发给应急指挥中心中相应的工作人员。

在中心位置开展应急指挥工作和拥有训练有素的工作人员运行应急指挥工作非常重要，工作人员必须熟悉各自职责，当灾害发生后，必须随时了解最新的发展动态。总之，良好的通信条件和保存完整的记录，对成功运行应急响应非常重要。

第五章　社区的灾害损失评估

当发生灾害造成社区居民和财产损失时，应当在社区工作人员的领导下，立即启动灾害损失评估程序。为此，中国民政部专门发布了《关于加强自然灾害救助评估工作的指导意见》（以下简称《指导意见》），指导社区的灾后损失评估工作。

《指导意见》立足于自然灾害救助工作需求，积极推进自然灾害救助评估工作的机制建设，不断规范自然灾害救助评估项目，完善自然灾害评估工作程序，健全自然灾害救助评估指标体系，探索自然灾害救助评估工作方式方法，加强自然灾害救助评估工作队伍建设，逐步形成机制健全、程序严谨、指标系统、方法科学、责任明确的自然灾害救助评估制度，为自然灾害救助评估工作提供决策依据，更好地服务受灾群众。

一、社区灾后损失评估的原则

一是客观全面。评估工作应客观、全面地反映自然灾害造成的损失、受灾群众基本生活需求和救助工作情况，确保评估结果的真实性和可靠性。

二是及时高效。根据不同评估事项的特点和时间要求，及时组织开展评估工作，及时报告评估结果，确保评估工作的时效性。

三是公开透明。评估工作的程序、标准、方法、过程及结果，凡是可公开的，应适时向社会公开，确保评估工作的透明度。

二、社区灾后应急救助评估的种类

（一）灾害救助准备评估

灾害救助准备评估是在灾害风险评估的基础上，对本社区可能发生的自然灾害及其可能的影响范围和损失进行评估，以作出资金、物资的救助安排，以及基于救助制度和能力而进行的评估工作。此评估具有准备性，目的是当灾害发生时能够迅速实施救助。主要有：

1. 灾害风险评估

对本社区可能发生的自然灾害及可能影响的范围和损失进行评估。

2. 灾害救助需求评估

对本社区本年度保障受灾群众基本生活的资金、物资等方面的可能需求进行评估。

3. 灾害救助能力评估

对本社区救助工作的管理体制、运行机制、政策法规、资金物资、技术装备、人员配备等方面的准备情况进行评估。

灾害救助准备的评估指标主要包括：年度自然灾害发生趋势及预判本年度保障受灾群众基本生活的可能需求；救灾资金预算安排；救灾物资储备与救灾装备配备；灾情管理制度和机制建设；物资应急调运机制建设；应急救助预案、工作规程制度修订及救灾演练；救灾人员培训计划的编制与落实；灾害信息员队伍和应急避难所建设情况；等等。

根据《指导意见》中对评估时限的要求，县级民政部门应在每年 4 月 10 日前完成救助准备评估工作，地（市）级民政部门应在每年 4 月 20 日前完成救助准备评估工作，省级民政部门应在每年 4 月 30 日前完成救助准备评估工作，民政部门应在每年 5 月 20 日前完成救助准备评估工作。

（二）应急救助评估

应急救助评估，是在对自然灾害造成的实际损失进行评估的基础上，确定应急期需要紧急转移或需要生活救助的人员，

并评估保障受灾群众基本生活的资金、物资等实际需求的评估。主要有:

1. 灾害损失评估

对自然灾害造成的实际损失及损失发展趋势进行评估。主要包括:受灾区域、人员、房屋和农作物受灾情况等内容。

根据《指导意见》中对评估时限的要求,灾害发生地地(市)级、县级民政部门应及时评估自然灾害造成的损失。省级民政部门对于一次灾害过程达到重大以上等级的,应及时开展灾害损失评估。省级、地(市)级、县级民政部门应在灾害过程结束后15个工作日内完成灾害损失的核定评估工作。民政部门组织的特大灾害损失评估应在接到省级民政部门灾害损失评估报告后15个工作日内完成。

2. 应急救助需求评估

对应急期需紧急转移安置或需紧急生活救助的人员情况,以及保障受灾群众基本生活的资金、物资等方面的实际需求进行评估。主要包括:需紧急转移安置、需紧急生活救助的人员数量,需救灾资金数量,需临时住所、衣被、食品、饮用水等生活类救灾物资数量。

根据《指导意见》中对评估时限的要求,灾害发生地地(市)级、县级民政部门应及时评估保障受灾群众基本生活的需求。省级民政部门对于一次灾害过程达到重大以上等级的,应及时开展应急救助需求评估。

3. 应急救助绩效评估

对应急期救助工作的政策、措施及实际效果进行评估。主要包括：是否能在《自然灾害情况统计制度》（民发〔2011〕168号）规定的时间内了解和报告本行政区域发生的灾情及趋势，是否能及时了解、掌握保障受灾群众基本生活所需资金和物资的数量，是否能按本地自然灾害救助应急预案规定启动救助应急响应机制，是否能确保应急期受灾群众有饭吃、有衣穿、有水喝、有住处、有病能治。

根据《指导意见》中对评估时限的要求，灾害发生地省级、地（市）级、县级民政部门启动本级救灾应急响应后，在应急救助工作基本结束后15个工作日内完成应急救助绩效评估。

（三）灾后救助评估

灾后救助评估，是民政部《指导意见》所确立的评估，主要是倒损农房重建救助需求的评估、过渡期救助需求的评估和冬春救助需求评估等，是为了帮助受灾群众有效安置和渡过特别过渡期的救助评估。主要有：

1. 倒损农房重建救助需求评估

对因灾倒塌、损坏农户住房情况，以及重建和维修救助资金等方面的实际需求进行评估。主要包括：倒损农房间数、户数及需重建或维修农房间数、户数，需救助对象的构成及自救能力，需重建或维修救助资金数量，本级安排恢复重建资金数量、需上级帮助解决恢复重建资金数量。

根据《指导意见》中对评估时限的要求，灾害发生地地（市）级、县级民政部门应在灾害过程结束后15个工作日内完成因灾倒损农房重建救助需求评估工作。省级民政部门对于一次灾害过程房屋倒损数量达到重大以上等级的，应在灾害过程结束后15个工作日内完成倒损农房重建救助需求评估。

2. 过渡期救助需求评估

对因灾需过渡期救助人员情况，以及保障受灾群众过渡期基本生活的资金、物资等方面的实际需求进行评估。主要包括：需过渡期救助人员数量，需救助对象的构成及自救能力，需救助时段，需救助资金、物资数量，本级安排救助资金和物资数量，需上级帮助解决救助资金和物资数量。

根据《指导意见》中对评估时限的要求，灾害发生地地（市）级、县级民政部门应在10个工作日内完成应急救助后期组织开展过渡期救助需求评估。省级民政部门对于一次灾害过程达到重大以上等级的，应在10个工作日内完成应急救助后期开展过渡期救助需求评估。

3. 冬春救助需求评估

对因灾需当年冬季和次年春季救助人员情况，以及保障受灾群众基本生活的资金、物资等方面的实际需求进行评估。主要包括：冬春因灾生活困难需口粮、衣被、取暖和伤病等救助人员数量，需救助对象的构成及自救能力，需救助时段，需救助资金、物资数量，本级安排救助资金和物资数量，需上级帮助解决资金和物资数量。

根据《指导意见》中对评估时限的要求，灾害发生地县级民政部门应在每年10月15日前完成冬春救助需求评估，地（市）级民政部门应在10月20日前完成冬春救助需求的核定评估工作，省级民政部门应在10月25日前完成冬春救助需求的核定评估工作，民政部应在11月30日前完成全国冬春救助需求的核定评估工作。在评估结束后发生新灾、冬春救助需求增加的，立即逐级上报。

4. 灾后救助绩效评估

对因灾倒塌、损坏农户住房恢复重建救助、过渡期救助、冬春救助工作的政策、措施及实际效果进行评估。主要包括：是否能在规定时间内了解、掌握因灾倒损农房需恢复重建的间数、户数及救助资金，是否能在规定时间内了解、掌握过渡期救助所需资金和物资数量，是否能在规定时间内了解、掌握本行政区域因灾冬春期间生活困难需救助人数、户数和资金总量，需救助人数和户数的构成及需救助时段情况，是否制定并实施了救助工作方案，是否制定并出台了相关政策和措施，是否能在规定时间内拨付救助资金和物资，是否能在规定时间内向受灾群众发放救助资金和物资，是否能公开、公平、公正发放救助资金和物资，救助资金和物资的使用是否符合法律和政策规定。

根据《指导意见》中对评估时限的要求，灾害发生地地（市）级、县级民政部门在过渡期救助、农房恢复重建救助结束后，对于一次灾害过程达到重大以上等级的，应在15个工作日内完成灾后救助绩效评估。省级民政部门对于一次灾害过程达到重大以上等级的，应在过渡期救助、农房恢复重建救助结束后15个工作日内完成灾后救助绩效评估。灾害发生地县级民政部门应在次年的6月5日前完成冬春救助绩效评估工作，地（市）级民政部门应在次年的6月10日前完成冬春救助绩效评估工作，省级民政部门应在次年的6月15日前完成冬春救助绩效评估工作，民政部应在次年的6月30日前完成全国冬春救助绩效评估工作。

三、社区自然灾害救助评估的基本流程

自然灾害救助评估的基本流程主要包括以下几个环节：

1. 成立评估工作组

一般情况下，组长由本级民政部门领导担任，成员视情况

邀请相关部门人员参加。

2. 确定评估事项

根据灾害过程和救助工作的不同阶段，确定评估事项。

3. 确定评估方法

根据评估事项和评估时限选择评估方法，注重定性评估与定量评估相结合、室内评估与现场评估相结合。

4. 制定评估工作方案

根据评估事项特点制定评估工作方案，一般应包括评估工作的时间进度安排、人员分工、准备工作要求等。

5. 细化评估标准

根据评估事项的核心指标，结合当地实际情况，细化各项评估标准。

6. 收集分析评估信息

信息的收集整理要及时、全面、准确，要重点分析评估灾害风险、灾害损失和救助需求，以及救助工作的情况。

7. 撰写评估报告

根据评估事项确定评估报告的结构和形式，评估报告的内容应当有事实、有分析、有结论、有建议等。

8. 审核和上报评估报告

评估报告完成后，经审核后及时上报。

四、社区灾害救助评估应注意的事项

灾害损失评估应当尽早进行，特别是在忙于救灾时，应当将救助工作和救援工作同时有序地进行。

灾害评估的关键事项如下：

（1）制定各种灾害损失的表格，从最严重到最轻，包括位置、建筑类型和大小，以及简单的破坏描述。

（2）将破坏位置标在地图上，并在表格上标注对应关系。

（3）要特别注意对重大破坏和废墟进行拍照。

（4）基层社区是破坏的最小单位，损失评估的负责单位是县级民政部门，社区应尽快将损失报告到县级民政部门，并及时补充。

（5）做好记录档案，并记录所有开支。

总之，社区应具有专职的损失评估组织人员，必要时可以聘请评估专家参与。当灾害发生后，尽可能早地进行灾害损失评估。妥善处理文件，可以避免经济损失。如果所在的社区遭受损失，应当及时向县级政府报告，必要时还应不断补充报告新的情况。准确的报告和文件材料是获得灾害资助的关键。

第六章　社区的灾后救助

我国自然灾害多发、频发，是世界上受自然灾害影响最为严重的国家之一，几乎每年都会发生多次重特大自然灾害，严重危害人民群众生命财产安全和生产生活秩序。

党中央、国务院历来高度重视自然灾害救助工作，近5年来，中央每年安排自然灾害救助资金50多亿元，专门用于受灾群众紧急转移安置、因灾倒塌民房恢复重建、冬春救助以及临时生活救助，平均每年救助6000万~8000万人次。在自然灾害救助工作实践中，也遇到一些亟待解决的问题，为了加强灾后救济，国务院制定了《自然灾害救助条例》，全面规定了灾害救助的主要组织者政府的职责和参与者社会组织的职责，特别强化了社区居委会、村委会的作用，实现规范自然灾害救助工作，保障受灾人员的基本生活。

一、社区灾后救助的组织

自然灾害的救助工作不仅涉及政府部门，而且需要社会各方面的支持和参与，为了进一步明确政府在自然灾害救助工作中的职责，更好地发挥村委会、居委会以及红十字会、慈善会和公募基金会等社会组织在自然灾害救助工作中的作用，《自然灾害救助条例》对此作出了规定。

自然灾害救助工作实行各级人民政府行政领导负责制。国家减灾委员会负责组织、领导全国的自然灾害救助工作，协调开展重大自然灾害救助活动。国务院民政部门负责全国的自然灾害救助工作，承担国家减灾委员会的具体工作。国务院有关部门按照各自职责做好全国的自然灾害救助相关工作。

县级以上地方人民政府或者人民政府的自然灾害救助应急综合协调机构，组织、协调本行政区域的自然灾害救助工作。县级以上地方人民政府、民政部门负责本行政区域的自然灾害救助工作。县级以上地方人民政府、有关部门按照各自职责做好本行政区域的自然灾害救助相关工作。

县级以上人民政府应当将自然灾害救助工作纳入国民经济和社会发展规划，建立健全与自然灾害救助需求相适应的资金、物资保障机制，将人民政府安排的自然灾害救助资金和自然灾害救助工作经费纳入财政预算。

村民委员会、居民委员会以及红十字会、慈善会和公募基金会等社会组织，依法协助人民政府开展自然灾害救助工作。村民委员会、居民委员会和企业事业单位应当设立专职或者兼职的自然灾害信息员。

二、社区灾后救助的准备

（一）预案

县级以上地方人民政府及其有关部门应当根据有关法律、法规、规章，上级人民政府及其有关部门的应急预案以及本行政区域的自然灾害风险调查情况，制定相应的自然灾害救助应急预案。

自然灾害救助应急预案应当包括下列内容：

（1）自然灾害救助应急组织指挥体系及其职责；

（2）自然灾害救助应急队伍；

（3）自然灾害救助应急资金、物资、设备；

（4）自然灾害的预警预报和灾情信息的报告、处理；

（5）自然灾害救助应急响应的等级和相应措施；

（6）灾后应急救助和居民住房恢复重建措施。

（二）物资储备制度

国家建立自然灾害救助物资储备制度，由国务院民政部门分别会同国务院财政部门、发展改革部门制订全国自然灾害救助物资储备规划和储备库规划，并组织实施。

设区的市级以上人民政府和自然灾害多发、易发地区的县级人民政府，应当根据自然灾害特点、居民人口数量和分布等情况，按照布局合理、规模适度的原则，设立自然灾害救助物资储备库。

（三）避难场所

县级以上地方人民政府应当根据当地居民人口数量和分布等情况，利用公园、广场、体育场馆等公共设施，统筹规划设立应急避难场所，并设置明显标志。

启动自然灾害预警响应或者应急响应，需要告知居民前往应急避难场所的，县级以上地方人民政府或者人民政府的自然灾害救助应急综合协调机构，应当通过广播、电视、手机短信、电子显示屏、互联网等方式，及时公告应急避难场所的具体地址和到达路径。

同时，《自然灾害救助条例》还要求，县级以上人民政府应当建立健全自然灾害救助应急指挥技术支撑系统，并为自然灾害救助工作提供必要的交通、通信等装备。

三、社区应急救助的实施

（一）灾害预警的应急救助措施

县级以上人民政府或者人民政府的自然灾害救助应急综合协调机构应当根据自然灾害预警预报启动预警响应，采取下列一项或者多项措施：

（1）向社会发布规避自然灾害风险的警告，宣传避险常识和技能，提示公众做好自救互救准备；

（2）开放应急避难场所，疏散、转移易受自然灾害危害的人员和财产，情况紧急时，实行有组织地避险转移；

（3）加强对易受自然灾害危害的乡村、社区以及公共场所的安全保障；

（4）责成民政等部门做好基本生活救助的准备。

（二）灾害的应急救助措施

自然灾害发生并达到自然灾害救助应急预案启动条件的，县级以上人民政府或者人民政府的自然灾害救助应急综合协调机构应当及时启动自然灾害救助应急响应，采取下列一项或者多项措施：

（1）立即向社会发布政府应对措施和公众防范措施；

（2）紧急转移安置受灾人员；

（3）紧急调拨、运输自然灾害救助应急资金和物资，及时向受灾人员提供食品、饮用水、衣被、取暖、临时住所、医疗防疫等应急救助，保障受灾人员基本生活；

（4）抚慰受灾人员，处理遇难人员善后事宜；

（5）组织受灾人员开展自救互救；

（6）分析评估灾情趋势和灾区需求，采取相应的自然灾害救助措施；

（7）组织自然灾害救助捐赠活动。

各交通运输主管部门，应当组织优先运输应急救助物资。

（三）紧急征用措施的运用

在自然灾害救助应急期间，县级以上地方人民政府或者人民政府的自然灾害救助应急综合协调机构可以在本行政区域内紧急征用物资、设备、交通运输工具和场地，自然灾害救助应急工作结束后应当及时归还，并按照国家有关规定给予补偿。

（四）社区应急救助的报告

自然灾害造成人员伤亡或者较大财产损失的，受灾地区县级人民政府、民政部门应当立即向本级人民政府和上一级人民政府、民政部门报告。自然灾害造成特别重大或者重大人员伤亡、财产损失的，受灾地区县级人民政府、民政部门应当按照有关法律、行政法规和国务院应急预案规定的程序及时报告，必要时可以直接报告国务院。

灾情稳定前，受灾地区人民政府、民政部门应当每日逐级上报自然灾害造成的人员伤亡、财产损失和自然灾害救助工作动态等情况，并及时向社会发布。灾情稳定后，受灾地区县级以上人民政府或者人民政府的自然灾害救助应急综合协调机构应当评估、核定并发布自然灾害损失情况。

四、社区灾后救助的措施

（一）安置

受灾地区人民政府应当在确保安全的前提下，采取就地安置与异地安置、政府安置与自行安置相结合的方式，对受灾人员进行过渡性安置。就地安置应当选择在交通便利、便于恢复生产和生活的地点，并避开可能发生次生自然灾害的区域，尽量不占用或者少占用耕地。受灾地区人民政府应当鼓励并组织受灾群众自救互救，恢复重建。

（二）恢复重建规划及政策

自然灾害危险消除后，受灾地区人民政府应当统筹研究制订居民住房恢复重建规划和优惠政策，组织重建或者修缮因灾损毁的居民住房，对恢复重建确有困难的家庭要予以重点帮扶。居民住房恢复重建应当因地制宜、经济实用，确保房屋建设质量符合防灾减灾要求。受灾地区人民政府、民政等部门应当向经审核确认的居民住房恢复重建补助对象发放补助资金和物资，住房城乡建设等部门应当为受灾人员重建或者修缮因灾损毁的居民住房提供必要的技术支持。

居民住房恢复重建补助对象由受灾人员本人申请或者由村民小组、居民小组提名。经村民委员会、居民委员会民主评议，符合救助条件的，在自然村、社区范围内公示；无异议或者经村民委员会、居民委员会民主评议异议不成立的，由村民委员会、居民委员会将评议意见和有关材料提交乡镇人民政府、街道办事处审核，报县级人民政府、民政等部门审批。

（三）冬春季救助

自然灾害发生后的当年冬季、次年春季，受灾地区人民政府应当为生活困难的受灾人员提供基本生活救助。受灾地区县级人民政府、民政部门应当在每年10月底前统计、评估本行政区域受灾人员当年冬季、次年春季的基本生活困难和需求，核实救助对象，编制工作台账，制定救助工作方案，经本级人民政府批准后组织实施，并报上一级人民政府、民政部门备案。

第七章　社区居民的应急准备

灾害隐患多种多样，居民在家中、工作中、路途中都有可能遇到灾害。求生知识和必要的应急准备，是我们遇到灾害时从容应对的基础，是能够守护安全的盾牌。

一、社区居民应急准备的主要内容

（一）储备物资

一旦发生大规模的灾害，如大地震、洪水、传染病暴发等，电、气、水等生命线遭到破坏，生活物资供应中断，需要居家隔离，这时家中是否储备了生活必需品和足够的防护物资就显得非常重要。

同时，如何储备也是一个不容忽视的问题。如压缩饼干和手电筒等日常用不到的物品，确实具有利于储存的特点，却难以管理和坚持。应当将储备日常化，在日常生活采购中多购买一些日常食品和生活必需品，这样会使储备变得简单化。

1. 最低限度的储备

表 7–1 和表 7–2 的清单是应该准备的最低限度物品的例子，我们可以根据各家的需要在清单中进行选择。

食品：如罐头等无须加热即可食用的食物；此外，蔬菜汁，既可补充维生素也可补充矿物质，已成为储备新宠。

表 7–1　食品清单

□ 水（饮料水、烹调用水等）	□ 无须加热即可食用的食物（火腿肠、奶制品等）
□ 主食（袋装馒头、米饭、面条等）	□ 点心类（巧克力等）
□ 主菜（罐头、袋装熟食、冷冻食品）	□ 营养补充食品
□ 罐头（水果、小豆等）	□ 调味料（酱油、盐等）
□ 蔬菜汁	

从有过受灾经历的人群中了解到，水、充电式收音机、手电筒、塑料袋、常备药、电池（自发电设备）、包装食品用的保鲜膜是必须储备的重要物品。

生活用品：大型塑料袋，既可用作供水袋也可当作如厕使用的袋子。各个家庭要根据自己的生活模式准备所需物品。

表 7-2　生活用品清单

□ 生活用水	□ 生理用品	□ 充电式收音机
□ 救急药、常备药	□ 一次性取暖炉	□ 手机备用电池
□ 急救箱	□ 打火机	□ 橡胶手套
□ 面巾纸	□ 垃圾袋、大型塑料袋	□ 手电筒
□ 厕所纸	□ 简易厕所	□ 干电池
□ 湿纸巾	□ 消毒用品	

2. 储备物品的总目录和数量

家庭生活模式千差万别，生活物品的使用也各有不同，因此，家庭中进行物品储备也难以一致。一定要根据各个家庭的生活模式，各自考虑自己应该储备的物品种类和数量，做好“储备组合”，见表 7-3。

表 7-3　储备组合表

	日常使用（日常储备量）	应对灾害的储备
从受灾地的经验来看	□ 水（饮料、烹饪用水等）、2L × 12 瓶 □ 盒式炉 1 台、储气瓶 6 瓶 □ 常备药、市面销售药各 1 箱	□ 简易厕所约 30 次用量（多次使用） □ 手电筒 2 个 □ 干电池 □ 充电式收音机

续表

	日常使用（日常储备量）	应对灾害的储备
食品	□ 主食免洗米 5kg、袋装面包、馒头 6 个、挂面 1 包、方便面 10 袋 □ 肉食罐头、咸菜等各 6 罐 □ 袋装熟食 9 袋 □ 罐头（水果等）5 罐 □ 蔬菜汁 9 瓶 □ 饮料 500ml×6 瓶 □ 奶制品、熟食等各 1 袋 □ 点心类 3 袋 □ 营养辅助食品 3 箱、健康饮料粉末 1 袋 □ 调味料各 1 套	
生活用品	□ 大型塑料袋和垃圾袋各 30 个 □ 塑料袋 □ 急救箱 □ 保鲜膜 1 筒 □ 面巾纸 5 袋装 ×5 包 □ 厕所纸 12 卷 □ 除菌湿纸巾 1 箱（约 100 张） □ 一次性隐形眼镜 1 个月的量 □ 一次性怀炉 10 个 □ 点火棒 1 个 □ 医用口罩 20 个	□ 手机备用电池 3 个（按手机台数） □ 橡胶手套 1 箱（约 100 副）
女性	□ 生理用品约 60 个	
婴幼儿	□ 棒形奶粉约 20 瓶（抗过敏） □ 断奶食品 1 周以上的量（抗过敏） □ 卫生纸 1 袋 □ 纸尿裤约 70 片	

续表

	日常使用（日常储备量）	应对灾害的储备
老年人	☐ 粥等软食品、老年人食品（1周以上的量） ☐ 常备药（处方药）1个月的量 ☐ 助听器用的电池6个 ☐ 假牙清洗剂约30个	

3. 可携带的应急背包

可携带的应急背包，就是在避难时收纳当前必需的最低限度物品的袋子。建议在可携带的应急背包中装入自己认为需要的物品，放在家门口附近的柜子、卧室、车内等处，保证即使房子倒塌也能将应急背包取出。见表7–4、7–5、7–6。

表7–4　可随身携带的应急背包

☐ 可携带收音机	☐ 灯	☐ 干电池
☐ 手机充电器	☐ 牙刷	☐ 可携带厕所
☐ 哨子	☐ 零钱	☐ 一条应急毛毯
☐ 地图	☐ 水壶	

表7–5　办公场所可携带的应急背包

☐ 适合走路穿的鞋子	☐ 头盔	☐ 应急口粮
☐ 灯	☐ 急救包	☐ 劳动手套
☐ 睡袋	☐ 简易厕所	☐ 雨衣
☐ 水壶		

表 7-6　家中放置的应急物品

□ 家属照片	□ 驾驶证	□ 养老金手册
□ 银行存折	□ 健康保险证	□ 印章
□ 股票	□ 药物手册	

4. 日常储备应达到 1 周内可以不依赖任何人生活

当大的灾害发生时，基础设施遭到毁灭性破坏，国家行政机关同样也将陷入难以灵活运转的状态。在支援到来之前的 1 周内要做好不依赖任何人都可以生活的“准备”，也就是“储备”。买好那些一旦缺少生活就将陷入困境的物品，按照保质期先后使用。牢记：不需要准备特别的物品，只不过是比平日多购买些食品和日用品而已。这是最为重要的日常储备意识。在储备中要注意以下 5 点：

（1）冰箱是食品储备仓库。在家庭生活中，冰箱以及其他地方储存的食品为 1~2 周的量。食用中一般先食用冷藏室的食品，再食用冷冻室的食品，再按照食品保鲜的顺序食用其他食品，使食品的储存量保持在连续食用 2 周的范围内。

（2）生活用水的重要性。水不仅是食用的问题，更是生活中不可缺少的。为应对应急状态，平常浴缸中要放一些水，要保持水桶储水，使水能够周转使用。

（3）全电气化住宅的必需品。全电气化住宅在停电后不能烧水做饭、不能取暖，要有储气罐和燃气炉等设备，以保证停电后有水喝、有饭吃。

（4）单身生活的准备。单身生活的人经常光顾的是便利店，冰箱中储存的食物也不多。因此，单身生活的人可以多购买一些方便面、罐头、零食点心、啤酒饮料等自己喜欢吃，也便于保存的食品。

（5）检查使用期限。保存的食品和物品一定要定时检查食用和使用期限，保证在发生应急状况时可以食用和使用。

5. 家庭内避难和家庭外避难

避难分为家庭内避难和家庭外避难。家庭内避难是指在家里避难，可充分享用家里的设施、食品和物品。家庭外避难是指自己家中已无法居住而在避难场所生活。两种避难方法的储备方式完全不同。

当自家房屋受损、烧毁而必须在室外避难时，保命是第一位的，家庭中储备的物品取用已变得十分困难，无论储备什么，都很难物尽其用。注意：家庭外避难，需要的是在步行到避难场所的过程中可携带的应急背包，里面应该有最低限度的物品。所需的最低限度的物品也是因人而异，一定要准备一些延续生命的必要物品，而不是仅仅准备换洗衣物，衣物的换洗与延续生命相比，无足轻重。

（二）室内的准备工作

因地震、爆炸造成房屋震动和倒塌而受伤的人中，30%~50%是因为家具类和房屋屋顶、墙体悬挂物品的翻倒、掉落、移动造成的。房间中不放置或少放置物品是最好的防御措施，放置不会被压在下面的家具也是最好的选择。另外，使用防止器具来防止家具的翻倒、掉落、移动，可以有效降低受伤的危险。

1. 布置房间时特别注意的问题

表 7–7 列出了布置房间时需要特别注意的问题。

表 7–7　房间布置注意事项

尽可能不在房间里放东西	把物品收纳到储藏室和衣橱、安装的收纳家具内等，生活空间中尽量不多放家具类物品。听到紧急地震速报时，立刻到没有放置任何物品的空间去避难，是较为安全的
空间布置要保证避难路线的顺畅	布置家具的时候，不要阻挡房门和避难路线。房间的出入口和走廊里不要放置家具类物品，应收纳到安装的橱柜里。而且，要考虑好放置方向，防止抽屉滑出
防止火灾等二次灾害	如果家具类物品翻倒、掉落、移动到火炉上，就会有引起火灾等二次灾害的危险。必须采取措施以防止可能起火的家具、家电的翻倒、掉落和移动。
防范传染病	消毒清洁设施、防蚊设施

2. 房间设施安全的防护对策

在防止房间家具翻倒、掉落和移动的对策中，最基本的方法就是用螺丝固定，可以用螺丝固定在墙体上的家具是最佳的，难以用螺丝固定的，用支柱和门吸式的组合、支柱和黏贴垫的组合，也能取得良好效果。见表 7–8。

表 7–8　房间设施安全防护对策

锁住带脚轮的家具	平日里有需要移动使用的情况，在不需要移动时要锁上脚轮，有固定位置时，用装卸式的带子等将其与墙壁和地板连接起来。平日里，把不移动的物品设计成托盘、球式器具等，加以固定
桌子椅子的防滑	没有靠墙放置的、高度较低的家具中，特别是桌子和椅子，都需要采取防止移动的对策。当家中铺有黏贴垫或地毯时要设置防滑垫
应对周期长的地震的对策	周期长的地震的特点是剧烈、缓慢的摇晃连续发生。所以，必须注意的是吊灯式照明、观赏用水槽和水容器等储水物品。使用合适的器具采取相应的对策
防范传染病传播的措施	根据传染病传播的途径，可采取室内消毒、封堵下水道、增设防蚊设施的方法。特别强调要加强家庭内部的清洁和隔离，勤于洗手、洗澡，家庭成员进餐采用分餐制，等等。

3. 房间内防火的对策措施

房间内防止起火和扑灭初期火灾是十分重要的。因此要求住宅用灭火器和住宅火灾报警器、漏电保护器、震感断路器等应成为家庭中的必备物品。另外，还要特别注意长期外出时要关闭燃气总阀门、关闭电源总开关。

一定要将按照防火检查表检查作为家庭防火的一项重要内容。见表 7–9。

表 7–9　防火检查表

电	□ 电线不要铺在地毯和家具下面 □ 不使用的电器需拔掉插头 □ 电气化产品旁边不要放置水槽和花瓶等 □ 掌握分电盘的位置
燃气	□ 为防止液化石油气的储气罐翻倒，用链条等加以固定 □ 使用燃气、液化石油气的情况下，微型计量器需在有效期限内使用 □ 灶炉周边收拾整洁，不要放置易燃物品 □ 不使用性状改变的燃气软管
燃油火炉	□ 燃油火炉周围不要放置易燃物品 □ 对燃油火炉采取防翻倒对策
其他	□ 走廊和楼梯等可成为避难路线的地方，不要放置易燃物品 □ 和邻居交界的地方，设置安装有金属防雨板和防护网的窗户玻璃

（三）室外的准备工作

1. 了解居住环境

为了对灾害进行准备，要对所居住的环境有清晰的了解。要了解周围的地形、地质等条件，不仅要对周边的危险场所有了解，还要了解过去曾发生灾害时人们避险的活动场所。特别要确认避难地点和避难路线，对周边公园、空阔场地要了解，对周边便利店、文化馆、体育场馆、中小学校等设施也要了解。一旦发生灾害可迅速应对，迅速到达安全地点避难。

2. 确认避难场所

在灾害发生时，看到避难指示或在火灾危险逼近时，要到附近的学校或公园等临时集合场所避难。如果那里也不安全，就要转移到大型公园和广场等避难场所，当自己所居住的房屋受到损害、生活陷入困境时，需要在避难场所生活一段时间，深入了解避难场所，对过好避难生活意义重大。

3. 了解地形

生活区域的地形条件不同，相应的灾害防范也不同。因此，要清晰了解地形条件，掌握不同地形条件要注意的避难准备。对洼地、河流地区、山地、山谷地区、岛屿地区等应选择不同的避难方式。

4. 了解周边环境的危险度

一定要了解所居住地区的灾害地图和居住地的灾害史，这是全面掌握周边环境危险度的一个重要指标。同时，对所居住的建筑物倒塌危险度和周边建筑物倒塌危险度也要有清晰的了解。对于周边各类场所的火灾危险度也要有了解，在灾害发生时，特别要防范火灾。

各种灾害防范准备中一个重要的方面就是进行交流，将准备情况在家庭成员内部、单位内部进行交流，确认家庭成员、单位成员在灾害来临时应充当的角色。每位家庭成员、单位成员都要了解储备的物品，大家要共同确定避难的场所，以及关闭水源、电、气开关的位置和方法。

灾害发生时，邻居之间的相互辅助是一个十分重要的内容。为此，邻居间在平时生活中要互相问候，增强交流，还要参加街道社区组织的防灾防火的演练活动，扩大邻居之间的社交网络。对于老年人、残疾人、婴幼儿、外国人等生活信息获取不便者和行动不便者，更要在邻居间确立相互辅助的关系，以便在灾害发生时能够迅速获得帮助。

二、社区居民应急避险的主要方法

（一）社区居民应急避险的宗旨

应急避险最根本的宗旨是保全生命，生命第一，保住生命是最重要的。

（二）应急避险

1. 地震的应急避险

如果你在家中，突然感觉站立不稳，同时发现室内悬挂的物品开始摆动，摆放的物品纷纷掉落：那么发生地震了！

——这时，你该怎么办？

地震避险第一原则：保住自己的生命！

地震时要注意观察周围的情况，同时迅速移动到不会有物体“掉落、翻倒或移动”的场所，防止被掉落物砸伤。

记住，保持冷静，不要慌乱！

绝对不要在晃动尚未完全停止时就开始移动！

桌子下面是一个非常好的避难地点。

除此之外，墙根以及床铺旁边等易形成三角空间的地方也可以考虑。

厨房、卫生间等开间较小的房间也是不错的选择，但记住一定要把房间门打开，保证逃生通道顺畅！

最好的避震姿势是：蹲下，身体蜷曲，头枕在大腿上，双手保护头部。如果有条件的话，可以使用枕头、被子、靠垫等软性物品保护头部。尤其要注意采取防尘措施，尘土会在地震中对人造成重大伤害。见图 7-1、7-2。

再次提醒，不要在晃动过程中进行移动！保持冷静，在每一次停留时思考下一步要采取的措施或转移的地点。

在电梯中遇到地震时，要立即按下所有楼层的按钮，如果被困在电梯中，按紧急呼叫按钮求助。

图 7-1　室内如何避震

图 7-2　室内如何避震

确定晃动停止后，要及时向户外避难场所转移。

行动时一定要注意周围散落的玻璃碎片，尽可能穿上厚底鞋，防止扎伤。见图 7-3。

图 7-3　向户外转移

如果地震前正在使用火源：要在晃动停止后第一时间关闭燃气，同时切断室内电源。

不要使用任何明火作为照明工具！可以使用手电筒或应急灯。

如果在办公室或学校时遇到地震，尽量移动到不会有物体“掉落、翻倒或移动”的场所，可以就近躲到办公桌或课桌下面，远离窗户、文件柜、吊灯等物品。

地震时如果在楼梯上：立即抓紧身边的扶手，防止跌倒。

在公共场所地震停止晃动后：要遵从工作人员的统一指挥，撤离疏散，切忌擅自盲目逃离，防止出现挤压踩踏事件。

在商场或商业街遇到地震，先考虑向公园、广场等开阔地转移，若无法及时转移，则进入较为结实的建筑物中躲避，同时小心高空中的坠落物，防止砸伤。

如果被困，应尽量清除胸部压物，避免发生窒息，同时节省气力，不要大声呼救，要以敲击的方式吸引救援人员的注意。

进行救援活动时，要听从指挥，不要单独行动，避免对被困人员造成二次伤害。

可以使用收音机获取政府信息，可以通过短信或社交媒体平台与家人取得联络。要学会筛选信息，不要受到谣言的影响。

确定避难场所安全之后尽可能通过各种手段向家人、朋友报平安。

如果发现有人受伤或昏迷，要立即向周边人员求助。

懂一些急救技能的话，不要犹豫，尽你的力量去救治吧，你的一份付出也许能挽回一个生命！

2. 火灾的紧急避险

如果你在家中，突然发现屋内蹿出了火苗，或者听到有人大喊“着火了”——这时，你应该怎么办？

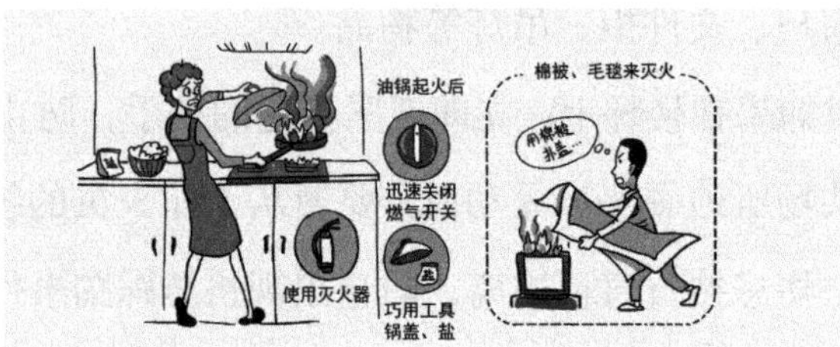

图 7–4　火灾避险

灭火中心原则：将可燃物与空气隔绝。很多日常生活中出现的火情，其实是在萌芽阶段就可以扑灭的。油锅起火，最简单的办法是直接盖上锅盖；身上衣服着火，直接脱掉，如果无法脱掉可就地打滚灭火；棉被、毛毯等也是很好的灭火工具，对电器起火、人员衣物着火非常有用。见图 7–4、7–5。

图 7–5　就地打滚灭火逃生

如果家中有存放的干粉或沙土，关键时刻也能作为灭火材料。家中可以准备一个家用灭火器，一定要学会如何使用灭火器，并且要确保没有过期。如果火势不可控制，那么就准备逃生吧！即使准备逃离火场，也要保持沉着冷静，根据实际情况采取相应的措施脱险，见图 7–6。

图 7–6　沉着冷静逃离火场

多起火灾伤亡事故显示：火场最致命的杀手并不是熊熊燃烧的大火，而是弥漫的烟尘和有毒气体，因毒气中毒和烟尘窒息导致的伤亡要远远高于直接烧伤造成的伤亡。

图 7–7　火场逃生

在火场中逃生，要尽量放低身体，最好沿着墙边匍匐前进，并用湿毛巾或湿手帕捂住口鼻，避免吸入过多毒气。见图 7–7。

发生火灾时，不要使用电梯逃生。

火势较大时，可向头部、身上浇冷水，或用湿毛巾、湿被单将头部包好，用湿棉被将身体裹好，再冲出危险区。当密闭的房间外发生火灾时，如有烟雾从门缝中渗透进来且门已发热时，不要盲目开门。可向门上泼冷水降温，用浸湿的衣服、被褥堵住门的缝隙。如果门不热，可小心把门打开少许并迅速通过。如果被困于屋中，可在阳台或窗户前向室外挂出醒目物件，以示室内有人，也可大声呼喊，便于他人营救。见图 7–8。

图 7–8　火场逃生

除非做好了极其充分的准备工作，否则不要尝试跳楼逃生！

如果住在比较低的楼层，可以利用结实的绳索，或者将床单、窗帘布撕成条拧成绳，拴在牢固的管道或窗框、床架上，沿绳缓缓爬下。高层住户如果无法安全到达地面时，应就近前往避难层等待营救，见图 7–9。逃离火场后，不要以任何理由返回火场。

图 7-9　高层住户无法安全到达地面时在避难层等待营救

3. 燃气泄漏的紧急避险

如果家中突然发生了燃气泄漏——这时，你应该怎么办？

禁止使用一切明火，禁止触碰任何电器开关。立即关闭燃气总阀门，迅速打开屋内门窗。离开房屋到达安全区域后报警，请求救援。如果有人员中毒，将其抬至通风处，轻度中毒患者保持呼吸畅通，重度中毒患者应立即拨打 120 急救电话，并进行心肺复苏。见图 7-10。

图 7-10　紧急避险

（三）避难行动

1. 避难的时机

对于避难的判断，有时会决定生死。在是否避难的问题上，不要依赖别人，要听从收音机、电视或官方发布的信息，亲自对信息确认后，再参考流程图作出判断。

如果能够确认自己家中是安全的，那么尽量在家中避难。当家人比较分散时，应在自己家中留下报平安的留言条，或者使用电话提供的灾害用留言服务等设施联系家人，确定会合地点。

2. 避难的步骤（见图 7-11）

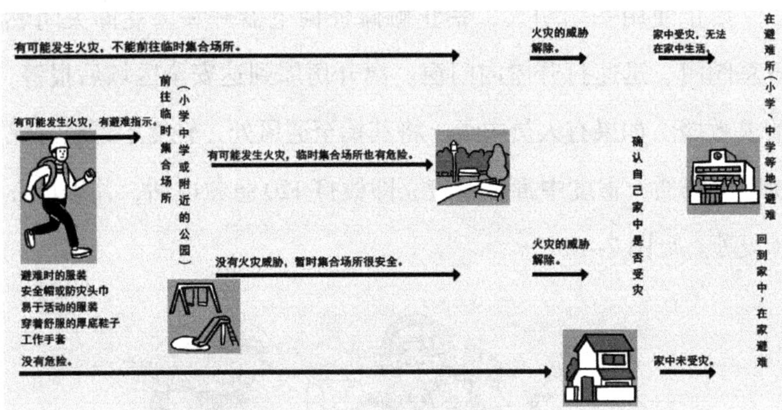

图 7-11　避难步骤

3. 避难的判断

获取正确的信息。当地震的摇晃停止后，如果误听了错误的信息并据此采取行动，可能会遇上危险。行动前必须先获取正确的信息。

以下这些方式可以帮你获取正确的信息：在停电时可以使用干电池式收音机（或充电式收音机等）或电视，其他智能手机的收音机或电视功能，消防救援机构或官方网站等。见表7-10。

表 7-10　信息获取方式

充分利用微信等社交媒体	手机中的微信等社交媒体已成为重要的信息源。然而在灾害发生时，这些信息源中会流传出许多以讹传讹的谣言或信息。不要轻信传言，要仔细辨认、筛选出准确信息
确认家人的状况	发生灾难时，人往往只顾着保命，对自己的手脚血流不止，或周围有人受伤之类的情况，可能顾不上留心。在地震摇晃停止后，要及时确认在一起的家人、朋友是否受伤，家中是否有危险
观察家内外的情况	确认了家人状况之后，要做的是检查家中的情况。火源是否已经处理妥当，避难通道是否畅通，要仔细听收音机等播放的信息，同时认真观察周围的状况
盲目行动是危险的	如果惊慌失措地从家里冲出来，有可能被坠落物砸中受伤。首先，要冷静确认家人是否安全。其次，要确认周围是否有危险物品或危险的建筑物，是否有可能发生火灾

续表

确认邻居的安全情况	在确认了家人的安全之后，请把目光投向邻居和小区的居民吧。确认一下周围是否有人被困、被压埋或受伤，再进一步确认是否有人需要你的帮助。在发生意外的时候，互帮互助很重要
如果家以外的地方安全，就停留在那里	灾害之后，车站的周围和道路会出现恐慌，有可能发生大规模的火灾、建筑物的倒塌等二次灾害。如果被卷入二次灾害，仍可能受伤甚至丧命。如果确定公司或学校是安全的，那么不要马上回家，停留在那里观察情况。要事先和家人商量好，发生灾害之后的联系方式和行动方法

4. 避难时应注意的问题（见表 7–11）

表 7–11　避难注意事项

杜绝火灾隐患	大地震的次生灾害中最普遍的是火灾，地震死亡人数中约有 10% 是死于火灾。由此可见，地震初期灭火是非常重要的。发现火灾时，要趁火势尚小时用灭火器或水桶等进行灭火。一定要注意在灭火行动中保证自己安全。如果火焰烧到天井等地，火势已经较为严重，对人身安全造成威胁，就应当停止灭火行动，选择避难
拉下电闸	如果因地震而倒下的家具中有还处于开启状态的家电，那么当重新通电后，就有可能造成火灾
关闭燃气总闸	如果燃气管和燃气灶损坏，当燃气恢复通气后，就有可能因燃气泄漏而造成爆炸

续表

留下报平安的留言	避难时，要留下自己和家人是否安全、选择哪些避难地等信息，把门锁好后再转移
利用留言板或社交媒体进行联络	要预想到电话打不通的情况，事先准备好多种联络方法，也可以充分利用社交媒体
人多的地方防止恐慌会造成伤害	在人多的地方突然跑起来等行为有可能引起恐慌，造成事故。为了防止错误的传言和信息的散布造成的恐慌，在行动时要考虑到周围的人们
身处地下时要沿着墙壁移动	停电的地下街道是较为容易发生恐慌的场所之一。地下街道中每隔一段距离都设有安全出口，因此不要全部挤到一个安全出口处，要沿着墙壁步行避难
高层楼房阳台的避难方法	高层楼房的阳台和露台设置有“避难安全舱”，在火灾发生时，紧急时刻可以把可移动的相邻两个窗户之间的“隔断”踢破进行转移
发生火灾时避开烟雾	火灾中的烟雾有致命的危险。可以用湿手帕等捂住口鼻等处，尽可能放低身体姿势，小心移动，不要吸入烟雾。烟雾浓厚，看不清前边情况时，应沿着墙壁移动避难
注意海啸能沿着河流冲到上游	对于海啸，要担心的不仅是在海边的人。因为海啸能够沿着河流下游冲到上游去，所以应沿着与河流流向成直角的方向迅速避难
了解海边的海啸避难场所	发生灾害后要马上向附近的高台或海啸避难建筑物移动。如果没有以上两种场所，就到较高的建筑物去。在配有观察员或救生员的海水浴场中，要根据指示避难

续表

不要被坠落物砸到	在住宅小区里，房檐、空调的室外机和园艺用的花盆花架等都可能掉下来，也有使人受伤甚至送命的危险。在商业街和办公街，宣传板、霓虹灯和玻璃碎片等也有可能掉下来，一定要注意
不要接触断掉的电线	断掉垂下来的电线有可能还在通电中，会导致触电发生。务必不要靠近，绝对不可触摸。另外，电线接触到树木或宣传板等物品时也不可靠近或触摸
裂开的建筑物很危险	裂开的建筑物上的外墙或瓷砖等有可能掉下来，也有使人受伤甚至送命的危险。作为建筑物基本结构的柱子和抗震墙等，也有可能裂开倒塌
夜间避难的注意点	在夜间避难时，由于可见度低，因此可能有翻倒和掉进侧沟的危险。尤其注意，要在宽阔的道路上行走。停电时在夜间避难可以使用手电筒，避难过程中要注意看清楚道路后再移动
冬季避难的注意点	在冬季避难时，寒冷往往容易使人生病。因此采取充分的抗寒措施来防止体温下降是很重要的。另外，冬季由于使用暖炉等取暖设备，有发生火灾的危险，在避难时也要注意防范火灾

5. 在避险场所生活的注意事项

隐私保护：避难所的居住空间就等同一个个“家”。应当为需要关心的人们多考虑一下，尤其是有女性、幼儿或儿童的家庭，注意保护个人的隐私。

厕所的使用方法：避难设施里的厕所因为有许多人同时使

用，所以有可能会被卫生纸堵塞。要按照规定的方法使用厕所。

确保饮用水的供应：无法使用水管时，要听从避难设施管理人员的指示，确保饮用水和生活用水的供应。如果要饮用井水，必须先过滤再煮沸。

预防犯罪：避难所不是一个完美的居住环境。要注意保护自己的安全，如果发现有可疑的人，应立即和警察或设施负责人联系。

注意避免环境变化导致的体质下降：急剧的环境变化容易使人生病，一定要留心身体状况。夏天应注意补充适量的水分，冬天应注意有效保暖。

保持卫生：要保持室内卫生，特别是铺被子睡觉的地方和通行道路要有明显区分。定点丢弃垃圾，垃圾必须密封好，防止滋生苍蝇和蟑螂。

吸烟的规定：吸烟时应遵守避难所的规定，不要影响周围的人，避免让别人吸二手烟，还要注意防火。

物资的分配：领取物资时不要争先恐后，要耐心排队。根据情况，有可能把一人份的食物或物资分给几个人。在分配物资的时候，还应考虑到没有来的需要照顾的人。

烧饭赈灾时要保持卫生：在烧饭和盛饭之前、接触食材之前、上厕所之后，都要用肥皂把手洗干净。烧饭用的饮具在使用后、改变用途时，都要洗干净并消毒。

预防食物中毒：食物中毒在一年当中的任何时间都有可能发生。防止食物中毒最有效的方法就是确保食物和饮用水的卫生，需要充分注意餐具的卫生。水不用的时候，可以用薄膜封在一次性容器中待用。

预防传染病：地震时风寒、流行性感冒等传染病容易大行其道。经常洗手、漱口是很不错的预防办法。水源不足时，如果可能的话，可准备一些消毒用酒精。

预防中暑：夏天在避难所要预防中暑（尤其是孩子和老人）。即使没有感觉到口渴，也要经常补充水分和盐分，穿着透气性好、吸湿速干的衣服避暑。

（四）居家隔离

在传染病暴发的时候，为了防范传染源，居家隔离是最为有效的方法，针对不同的人，要采用不同的措施。

1. 居家隔离医学观察人员的感染防控措施

（1）居家隔离医学观察人员可以选择家庭中通风较好的房间隔离，多开窗通风；保持房门随时关闭，在打开与其他家庭成员或室友相通的房门时先开窗通风。

（2）在隔离房间活动可以不戴口罩，离开隔离房间时先戴外科口罩。佩戴新外科口罩前后和处理用后的口罩后，应当及时洗手。

（3）必须离开隔离房间时，先戴好外科口罩，洗手或手消毒后再出门；不随意离开隔离房间。

（4）尽可能减少与其他家庭成员接触，必须接触时保持 1 米以上距离，尽量处于下风向。

（5）生活用品与其他家庭成员或室友分开，避免交叉污染。

（6）避免使用中央空调。

（7）保持充足的休息时间和充足的营养。最好限制在隔离房间进食、饮水；尽量不要共用卫生间，必须共用时须分时段使用，用后通风并用酒精等消毒剂消毒身体接触的物体表面。

（8）讲究咳嗽礼仪，咳嗽时用纸巾遮盖口鼻，不随地吐痰，将用后纸巾及口罩丢入专门的带盖垃圾桶内。

（9）用过的物品及时清洁消毒。

（10）按居家隔离医学观察通知，每日上午、下午测量体温，自觉发热时随时测量并记录；出现发热、咳嗽、气促等急性呼吸道症状时，及时联系隔离点观察人员。

2. 居家隔离医学观察人员的家庭成员或室友的感染防控措施

（1）佩戴外科口罩。

（2）保持房间通风。

（3）尽量不进入隔离观察房间。

（4）与居家隔离医学观察人员交流或提供物品时，应当距离至少1米。

（5）注意手卫生，接触来自隔离房间物品时原则上先消毒再清洗；不与被观察者共用餐饮器具及其他物品。

3. 居家隔离医学观察随访者的感染防控措施

（1）访视居家隔离医学观察人员时，若情况允许电话或微信视频访视，这时无需个人防护。访视时应当向被访视对象开展咳嗽礼仪和手卫生等健康宣教。

（2）实地访视居家隔离医学观察人员时，常规正确佩戴工作帽、外科口罩或医用防护口罩，穿工作服，一次性隔离衣。每班更换，污染、破损时随时更换。

（3）需要采集呼吸道标本时，加戴护目镜或防护面屏，外科口罩换为医用防护口罩，戴乳胶手套。

（4）一般情况下与居家隔离医学观察人员接触时保持1米以上的距离。

（5）现场随访及采样时尽量保持房间通风良好，被访视对象应当处于下风向。

（6）需要为居家隔离医学观察人员检查而密切接触时，可加戴乳胶手套。检查完后脱手套进行手消毒，更换一次性隔离衣。

（7）接触隔离医学观察人员前后或离开其住所时，进行手卫生，用含酒精速干手消毒剂揉搓双手至干。不要用手接触自己的皮肤、眼睛、口鼻等，必须接触时先进行手卫生。

（8）不重复使用外科口罩或医用防护口罩，口罩潮湿、污染时随时更换。

（9）居家隔离医学观察随访者至少须随身携带：健康教育宣传单（主要是咳嗽礼仪与手卫生）、速干手消毒剂、护目镜或防护面屏，乳胶手套、外科口罩或医用防护口罩、一次性隔离衣、医疗废物收集袋。

（10）随访中产生的医疗废物随身带回单位按医疗废物处置。

与隔离的可能感染的其他人员如物业保洁人员、保安人员等需接触居家隔离医学观察对象时，按居家隔离医学观察随访者要求使用防护用品，并正确穿戴和脱摘。

三、灾害的初期处置

（一）抢救生命

1. 心肺复苏法（见表 7–12）

表 7–12　心肺复苏法

确认伤者的意识	灾害发生时，急救队可能无法及时到达。当看到伤者时，先轻轻地拍拍伤者肩膀询问：“你还好吗？”确认伤者有无反应，手脚还能不能动，对受伤处的疼痛反应，有没有意识

续表

寻求周围人的帮助	如果伤者失去了意识，大声地呼喊“能来个人吗，有人倒下了”，以寻求周围人的帮助。或者，处于安全状况时，让人取来 AED（自动体外除颤仪），进行应急处理
确认呼吸状况	仔细观察伤者胸部和腹部的情况，10 秒以内确认呼吸是否紊乱。如果胸部和腹部停止运动，就可以判断为没有正常的呼吸，开始按压胸骨
按压胸骨	在胸部中央两手重叠，两臂伸直，向下按压；如果是成人至少让胸部下陷深度达 5cm 左右。按照 1 分钟 100 次的节奏进行。按压胸骨和人工呼吸结合进行的情况下，按照按压胸骨 30 次和人工呼吸 2 次的顺序循环进行
人工呼吸	抬起下巴确保呼吸道畅通，手放在额头上用大拇指和食指捏住鼻子。使用人工呼吸用吹嘴，盖在口部不让空气漏出，向里吹气 1 秒左右。这时，确认胸部有没有鼓起
使用 AED	按下 AED 电源按钮。将电极片贴在胸部，在进行电流冲击时会有声音提示，所有人离开伤者身边，按下按钮。按照提示音，立刻重新按压胸部

2. 止血

大量出血会带来生命危险。人的总血液量占体重的 7 %~ 8 %，失血 1/3 就会带来生命危险。如果遇到喷涌而出的鲜红的血，可能是动脉性出血，必须马上止血。如果是毛细血管出血，则大多数会自然止血。止血方法见表 7-13。

表 7-13　止血方法

动脉性出血	血会喷出来
静脉性出血	血会涌出来
毛细血管性出血	血会渗出来
用直接压迫法止血	在出血部位，用纱布或者干净的布直接压住，用手或者包扎带用力按住。布的大小以将伤口完全包住为佳。为了预防感染，必须带上橡胶手套或者塑料袋，注意不要粘上血液
用间接压迫法止血	在用直接压迫法无法止血时，可以尝试使用间接压迫法来止血。用大拇指按住离心脏较近的动脉，流血会暂时停止。肘前部的出血要按住上臂内侧中央，同样是用大拇指，用力按住。如果是腿部出血，可以将出血一侧的腿伸直，用拳头使劲按住大腿骨的接缝处

3. 骨折和扭伤的应急处理

用夹板固定：不要随便移动骨折处。准备好支撑断骨的夹板，将骨折两侧的关节处和夹板用布系上固定住。

使用三角布：三角布在身体的任何地方都可以使用，头巾或包袱布、大块手帕都可以作为三角布来使用。先将伤口清洗干净，盖上灭菌纱布，打结处不要在伤口的正上方。

处理骨折和扭伤的方法见表 7–14。

表 7–14　处理骨折和扭伤的方法

准备	准备好能将伤口完全覆盖住的布和绷带
冲洗	在伤口被沙土等污染时，要用水冲洗干净
伤口保护	在伤口流血的情况下，要用灭菌纱布等盖住来保护伤口

4. 烧伤的应急处理

轻微烧伤可以用水来降温：如果烧伤面积不足体表面积的 10%（伤者单手手掌的面积相当于体表面积的 1%），尽可能早地用干净的水冲洗伤口 15 分钟以上，直到伤处不再疼痛为止。

处理的要点：在无法使用自来水时，用瓶装水等处理伤口。可以使用自来水时，将伤口在水下冲洗 15~20 分钟。另外，在处理时要确认几点注意事项：

（1）穿着衣服时，直接穿着衣服冲洗降温；

（2）烧伤面积很大需要降温时，注意不要过度地降低体温；

（3）注意不要弄破水泡；

（4）不要使用药物。

5. 减轻伤者的负担

松开衣服：让伤者采用最舒服的姿势，一边询问伤者“不痛吧”，一边听取伤者的要求，将衣服和皮带等轻轻解开。

保持体温：当伤者感觉到发冷，体温下降和脸色苍白，淌冷汗时，要给伤者盖上衣服或者毛毯等物品，防止体温下降。

减轻伤者负担的方法见表 7–15。

表 7–15 减轻伤者负担的方法

仰卧是最常见的放松姿势	在平坦处仰卧是最常见的、最稳定、最能放松的姿势
伤者有呕吐症状或者背部有伤时	将脸朝向侧边，俯卧。注意不要让呕吐物堵住气管
头部受伤且呼吸困难时	让伤者仰卧，并用靠垫等将伤者上半身稍微撑起
腹痛或者腿部受伤时	用靠垫等将伤者上半身稍微撑起，在膝盖下面也要用靠垫将膝盖撑起
呼吸困难或胸部不适时	将腿伸直坐着，腿和胸部之间夹住靠垫，让上半身放松
有呼吸但没有意识	为了保证呼吸畅通，让伤者侧卧并将上面腿的膝盖弯曲 90 度
中暑、贫血、出血性休克	让伤者仰卧，将脚跟放在靠垫上，腿抬高 15~30cm

6. 伤病人员的移动方法

背负：将伤者背上，手从伤者膝盖下面穿过，将两个膝盖抱住，抓紧伤者的两只手。但是，对于意识模糊、骨折、内脏受伤的伤者不能使用此方法。

使用担架：使用担架搬运时，将伤者的脚朝前方，搬运时不要摇晃或振动。这是为了不让伤者伤势继续恶化而进行搬运的重要方法。如果没有担架，也可以用结实的木板来代替。

（二）使用灭火设施

1. 灭火器的使用方法（见表 7–16）

表 7–16　灭火器的使用方法

（1）	地震灾害发生时，早期灭火很重要，使用灭火器时，要先确认引火点，确保逃生口在背后
（2）	拔掉灭火器上面的安全销
（3）	用一只手拿着喷嘴，将喷口对准着火处
（4）	抓住把手，对准火源，直接喷射灭火剂。当火势蔓延到天花板时，放弃灭火逃生

2. 楼内消防栓的使用方法（见表 7–17）

表 7–17　楼内消防栓的使用方法

（1）	按下启动按钮，当红色指示灯闪烁时，水泵已经启动
（2）	打开消防栓的门，展开消防水管
（3）	另一个人打开阀门
（4）	对准火源喷水

3. 灭火工具使用方法（见表 7–18）

注意事项：使用道路上的消防栓和放水栓的灭火器具，使用前必须先进行训练。

表 7–18　灭火工具的使用方法

（1）	消防水鹤在消防车无法进入的狭窄道路极为有用，在消防栓扳手插入后将腰部放低，打开盖子
（2）	将管道连接到放水口。转动主轴传动机构，确认出水后，将连接在管道上的消防水管展开
（3）	将消防水管接上喷头，直到听到“咔哒”的声音，两者才算连接好
（4）	将消防水管伸直后，给出信号开始放水。喷口对准目标，喷口的位置保持在腰部附近

4. 可移动式消防泵的使用方法（见表 7–19）

注意事项：需要多人使用，使用前必须先进行训练。

表 7–19　可移动式消防泵的使用方法

（1）	大小为人力就可以搬运的消防泵。将放水旋塞和防水阀门关上，吸水管装在水泵的吸水口上
（2）	将吸水管插入消防水槽或者水池里
（3）	启动水泵，将消防水管连接到出水口并延长到火源
（4）	对准火源开始喷水

（三）绳索的打结方法

1. 双套结

双套结：用于将绳索绑在柱子以及棍子上。在修理或者捆绑小的东西时也很适用。见表 7–20。

表 7–20　双套结的打结方法

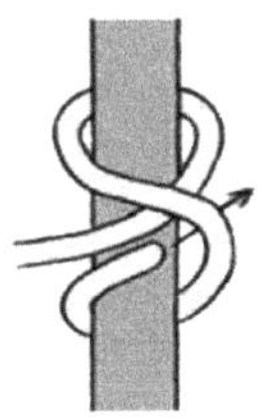	将绳索在棍子上绕两圈，使绳头从下往上穿过第一圈的绳索
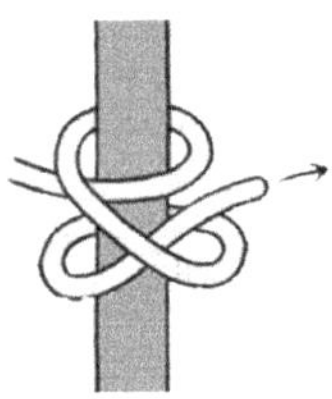	用力拉紧绳头，确保结扣不会松掉
	打好结

2. 平结

平结：在用于将两根同样粗细的绳索连接在一起时使用，

也用于将三角巾打结。见表 7-21。

表 7-21　平结的打结方法

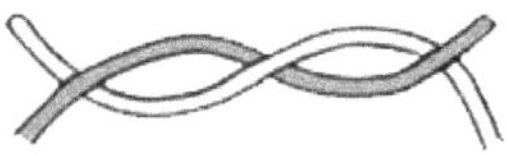	将两根绳索相互缠绕
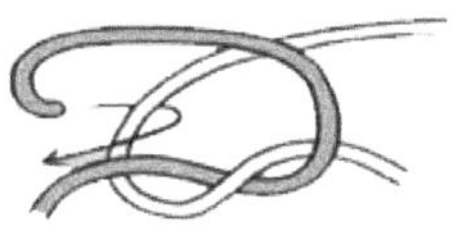	把相互缠绕的两根绳索的绳头方向倒过来再缠绕一次
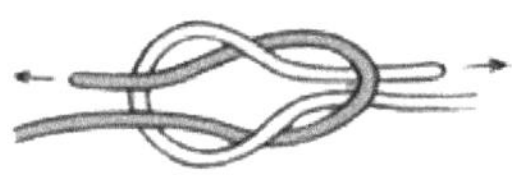	拉紧绳索的两头，确保结扣不会松掉
	打好的结

3. 绳索的用处

如果有立柱或者棍子和绳索时，可以在避难所或者临时住所晾晒衣服。此外，也可以在制作确保私人空间的屏风时使用。

第八章　社区居民的应急培训与演练

一、社区居民的应急培训和演练

社区应急能力提升的体现就是居民是否能够有效地实现在灾害来临时的避险，居民的避险能力靠社区居民的培训和演练来完成。培训和演练主要集中于避险与逃生的训练，将保全生命作为社区居民应急培训的主要目标，应采用“团队教学”法。实践证明，避险与逃生训练的过程非常严格、苛刻。社区负责训练的人员特别要注意，社区居民的避险与逃生训练事关生命安全，训练必须科学，不能放松要求，一定要遵循下列原则。

（一）在任何时候都可以进行避险与逃生的相应训练

社区工作机构要用多种方式进行社区居民的避险与逃生训

练，最为本质的是“每位社区居民要对自己的生命负责，要使掌握避险和逃生技能是保全生命的最佳途径的理念深入人心”。在社区的应急避险和逃生训练过程中，要引入真实事例进行生动教育，要组织居民在社区中、在家中反复进行训练。

（二）避险与逃生训练要依靠结果来实施，而不仅仅是过程

在社区居民的避险与逃生训练中，需要大量使用避险与逃生的技能。它们只是拼图游戏里的拼板，必须结合在一起才能发挥作用，每一次的拼图游戏被拼在一起时，其实质内容都会发生变化，而绝不是机械化的过程。每一次的避险与逃生经历也截然不同，具体的避险与逃生，都不是由照本宣科的训练过程决定的。也就是说，在应急避险与逃生时，单纯的“黑与白”或“按部就班”的处理是不现实的。避险与逃生也存在“灰色地带”，因此训练过程不仅要进行技能训练，还要通过实际案例来解决避险与逃生的实际问题，要实现保全生命的终极目标。

（三）训练目标必须与相应标准相结合

在避险与逃生训练中，目标与标准必须相结合，必须将目标与行为、措施、风险以及困难进行有效说明，将它们紧密联接起来。例如，用滑索逃生，必须与逃生者的勇气结合起来才

有效，但是勇气不仅取决于逃生者自身，而且也来自于真实的模拟训练。大部分的训练目标与标准可通过演练确定。在避险与逃生中大部分标准均与勇气、激情、专注度及正确姿势有关。因此必须是真实的训练，而不能仅仅是理论的讲解。

（四）训练的重点在于行为而不仅仅是态度

社区居民的避险与逃生训练不仅包括简单的技能训练，而且涉及一定的心理训练，社区居民如何有效自保是避险与逃生中一个最为基本的认知。基于这一点，社区负责避险与逃生训练的人员必须具备相当的个人能力，才能获得参训人员的认可和尊重。要注意观察社区居民如何在避险和逃生中控制自己及同伴的身体，帮助他们有效地保持身体的安全状态。

（五）训练必须划分不同的目标和阶段

在社区居民的避险与逃生训练中，涉及避险与逃生的许多基本技能，如空气呼吸器的使用，逃生楼梯、逃生绳索的使用，等等。对于社区居民来讲，并不是每一个社区居民都具备这些基本技能。依据这些基本技能进行避险和逃生训练，对于所需的不同技能而受训的社区居民不能完成整体训练时，解决的方法是根据需要来细分培训目标和技能，并按照基本水平来审核，然后再将重点转到社区居民避险和逃生的技能方面。在大多数情况下，受训的社区居民将会在具体的训练行动中受益，并且训练课程也会获得成功。

训练中的负责人员应保持教案中的相关性，以帮助受训人员获得成功。重要的是，不要将社区居民带入训练方案中任何类型的错误之中。作为负责人员，应该将一次失败的“训练场景设置”等同于一场“灾难的设置”，不应该刻意设置情景导致受训人员受挫。当受训的社区居民编制训练小组，进入训练的建筑物实施所学到的技能之后，千万不要让受训的社区居民受挫，这点格外重要。在训练情景中，极其困难或者不切实际的避险或逃生行动将会破坏受训社区居民之前积累的知识和技能，甚至打击他们的自信心，从而对整个训练项目产生消极作用。受训的社区居民应该在第一时间内正确理解他们所认知的避险和逃生的目标和标准，还应该在第一次行动中正确学习相关技能。

（六）必须将安全训练放在首位

社区负责训练的人员必须牢记在真实事故发生时，目标是将所需的知识和技能运用到处置之中。在突发事件处置中，当社区居民的生命处于危险时，避险与逃生的训练无疑将成为第二自然习惯，并会对当时的情况做出真实反应。例如，当火灾突然阻断社区居民的逃生路线且热浪开始冲向窗户边时，使用应急梯逃出窗户是人的本能，就像呼吸一样。负责人员必须清楚，每位社区居民的避险与逃生技能多少会受到技术影响而发生变化，从而会导致避险与逃生失败。失败是由多种因素造成的，特别是救援者与逃生者不能正确理解相互动作，且在救援和逃生过程中出现失误，如绳结失误造成摔伤等。为此，每个受训的社区居民在实施学习技能中的要求十分重要，不仅关系到执行结果，还要充分考虑安全因素。在社区居民的避险和逃生训练中，学习和实施不同的技能时，负责人员必须认真观察，必要时要作进一步的指示和纠正，以确保各项技能正确实施。如救援安全绳索是不是正确使用，空气呼吸器是否做好坚固连接，等等。这些在避险和逃生中是至关重要的，与生命安全密切相关。

（七）循序渐进，任何情况下都得建立明确的方向和目标

社区居民对避险和逃生的知识和实际训练极为陌生，避险和逃生的培训纸上谈兵的多，实际训练的少，难以达到实际效果。为了达到实际效果，受训的社区居民要学习、吸收大量信息，并掌握大量技能。因此，社区负责训练的人员如何逐步构建出训练的明确方向就显得极为重要。在实施社区居民的避险与逃生训练时，负责人员不仅需要授课，还需要反复演示技能，并且要让受训的社区居民重复技能动作，负责人员的讲解要在受

训社区居民的动作过程中反复进行。只有这样，才能避免出现信息超载和混乱的现象。

二、与家人一起进行的防灾行动演练

社区居民的防灾行动，务必和家人一起实践一下，在家中用一天时间，如周末，让一家人开心地体验如何防灾，进行一次家庭防灾演练。特别强调的是，防灾演练一定要进行时间控制，时间控制也是考核演练的主要指标。

10:00

登记: 15 分钟。

一家人集合，一个人用 3 分钟左右的时间叙述一下对于灾害和防灾的心情。

10:15

想象一下发生了灾情: 30 分钟。

如果发生了大地震，我们一家会如何，这时会遇到什么状况，请一家人阅读大地震灾害应急避险和逃生的知识点。在家里一边踱步，一边想象一下当时会发生的情景。

检查要点:

☐ 什么地方可以保证人身安全?

☐ 客厅里的家具和电器会如何?

□ 如果当时在卧室里睡觉该如何？

□ 如果在如厕或者洗澡该如何？

10:45

模拟演习：15 分钟。

想象完毕后，假定地震已经发生了，将所有该采取的行动进行练习。

11:00

拿着地图进行确认：30 分钟。

参考自制的家庭防灾地图，实地参观附近的避难所。此外，确认在没有手机等基础设施时的联络方式和安全的集合地点。大家要自制表格、自行记录。利用第七章的内容，也可以了解地震或火灾后应当采取的行动。

需要确认的事项：

□ 附近的避难所，避难路线；

□ 集合场所；

□ 与家人的联络方法；

□ 自己的联络方式，家人的联络方式。

11:30

商量一下防灾时的必需品：30 分钟。

商量一下防灾时家里必需的储备品有哪些，做一张购物清单。参考储备品表和家具类物品翻倒的防止对策，结合各个家庭的实际情况，找出防灾对策。下午出门购物，总结一个防灾用品和防止家具倒下的小五金之类的家庭防灾必需品清单。可以有效利用备忘录，那会很方便。

检查要点:

☐ 家里的储备清单;

☐ 紧急避难时携带包裹里的物品清单;

☐ 防止家里物件倒塌、落下、移位的对策。

12:00

午休和购物时间: 3 小时。

吃完午饭，出门购买必需品。

15:00

顺利地完成防灾准备工作。准备时间: 1 小时。

决定并安排好储备品和可携带应急袋的位置，并实践一下防止家具翻倒的对策。参考第七章翻倒防止对策的内容，确认家里的准备没有疏漏的地方。

检查要点:

☐ 储备品的放置场所;

☐ 紧急避难时携带包裹的放置场所;

☐ 防止家具类、家电类倒下、落下、移位的对策。

16:00

总结: 15 分钟。

最后，每个人用 1~2 分钟时间总结一下感想。大家一起商谈紧急情况下家人如何安全地存活下去。

三、在社区进行防灾行动演练

在社区进行的防灾行动演练，既可以愉快地学习切实可行的防灾知识，又可以亲身体验活动的方法。多和邻居们交流，在学校举办实践活动，等等，可以建立一个稳固的社区区域性防灾团体。

参加人数：3 ~30 人。

携带物品：本书。

时　间: 1.5~3 小时。

事前准备：主持人 1 人（管理活动进程和主持活动）。可容纳足够多参加人数的活动场所。

工　具: 剪刀、刀具、胶水、板凳、钳子。

材　料: 放了很多材料的桌子。

活动进程 1：想象一下受灾时的情况。

寻找受灾经历的材料进行阅读: 15 分钟。

全员阅读受灾者的经历。要想了解地震、火灾的经验，必须先了解实际情况。

登记: 15 分钟。

将参加的人分为每 1 组 4 人以内。尽可能把不怎么熟悉的人分到一起。分好组后，让每个人用 3 分钟时间说一说自己的姓名、职业、体会和感想。

活动进程 2：亲身经验。

开始正式的活动。如表 8–1，练习如何解决在灾害中遇到的问题，1 个问题花费 15 分钟。

表 8–1　练习如何解决在灾害中遇到的问题

出问题	主持人出第一个问题
每个小组制定解决方案	根据学习所获得的知识由具有实践经验的成员来共同解决问题
每个小组发表解决方案	完成的小组举手后，由主持人进行审查。所有小组都回答完了，开始下一个问题。每个问题大约 15 分钟

将小组成员重新组合，进行总结: 15 分钟。

这个活动的目的是让不熟悉的人建立良好的关系。在问题结束后，将小组成员重新组合，再一次组成其他小组。新的小组建立后，每个小组成员用 3 分钟时间说说自己的姓名、职业、今天的体会和感想。

问题 1：在没有 1 号电池时，如何用 5 号电池做出替代品？

材料：使用 1 号电池的手电筒、5 号电池、布、铝箔。

答案：____。

问题 2：在没有厕所时，用现有的物品制作一个简易厕所。

材料：桶、塑料袋、报纸。

答案：____。

问题 3：到避难所避难，制作简易床和枕头。

材料：硬纸板、报纸、泡沫苯乙烯、薄钢板、皮球。

答案：____。

问题 4：为了分发食物，需要简易的盘子和汤匙。请尝试制作餐具。

材料：塑料瓶、牛奶盒、报纸

答案：____。

问题 5 :记住结实的绳索的打结方法。试着打双套结和平结。

材料：绳索。

答案：____。

问题 6：停电时没有光亮，如何制作照明用具。

材料：手电筒、白色塑料袋、塑料瓶、水。

答案：____。

问题 7：感觉寒冷了，考虑用报纸来取暖的方法。

材料：报纸、塑料袋、保鲜膜。

答案：____。

收集可以使用的材料。

表 8–2　备用材料清单

报纸	纸	橡皮圈
硬纸板	布	夹子
塑料袋	保鲜膜	垃圾袋
塑料瓶	铝箔	绳索
纸盒	纱布	不穿的衣服

参考表 8–2 的清单，尽可能多地准备可以有效使用的材料，有可能制作出独创的必需品。与小组同伴齐心协力想出各种解决方案。

四、社区的防火防灾演练

如果经常参加演练，灾害发生时就不会惊慌失措。

为了将灾害损失降到最低，平时参加社区举行的防火防灾演练非常重要。防火防灾演练除主要以市民防灾组织等为中心的在各街区进行的街头防灾演练、在学校进行的防灾教育之外，也有联合社区居民举行的防灾演练。

举行防火防灾演练时，应邀请距离最近的消防队一起进行。由消防队作为演练情景的设计者，是使演练贴近实际最为重要的方式。

（1）初期灭火演练：火灾发生时，如果能在初期阶段灭火，就能减少损失。因此，要从身旁的简单的灭火器开始学习，如消防水枪和便携式消防泵等灭火器具、器械的使用方法，见表 8–3。

表 8–3　消防用品的使用方法

便携式消防泵	通过小型泵给水、加压，本泵可在远处大量放水。如果掌握了操作方法，少数人便可操作。可有效灭火
消防水鹤	重量轻、操作简单的消防水鹤如果有消火栓等，即使在消防车无法进入的狭窄道路上，也可以洒水灭火
身体防护演练	一旦发生地震，保护自身安全是第一位的。使用起震车等可体验摇晃或可进行免受掉落物等物品伤害的演练。不仅在感觉摇晃时，而且在听到紧急地震速报时，也能学会保护自身安全的方法
防止火灾的演练	学习防止起火的方法，如摇晃平息后要冷静下来关火，避难时要从根源上切断电和燃气等
通报联络演练	这是为了向消防救援机关正确通报火灾、急救和救助、地震发生时的灾害而进行的演练。学习 110、119、120 等报警电话的使用方法以及不同电话的报警要点
救出和救助演练	掌握正确使用身边工具解救因建筑物倒塌等而延误逃脱的人的方法。同时，也要学会对救助的人实施应急治疗的方法

续表

避难演练	避难演练是火灾、地震等灾害发生时，为了能安全避难而进行的演练。为了避难，除了必要的准备和避难方法之外，也要正确使用烟体验室等学习烟的性质等
应急救护演练	为了在应急事态中进行适当的应急治疗，平常就需要学习、掌握应急治疗相关的知识和技术。在应急救护演练中，要学习应对紧急事态时的应急治疗

（2）防灾教育：地震和火灾等灾害发生时，根据不同成长阶段教授的不同内容，首先要保护自己，其次要帮助身边的人，而且要成为能为地区作贡献的人，这就是防灾教育。学校的避难演练自不必说，家人也要参加防火防灾演练。

（3）防灾体验学习：目前我国许多地方建立了灾害体验学习设施，帮助大家学习灾害知识，随时可以体验各种演练。

附　录

附录 1　社区应急救援资源手册

（社区名称）

社区应急救援资源手册

更新日期：　　　年　　月

一、紧急联系单位和人员的通信录（见表附1–1）

表附1–1 通信录

	姓名／地址	电话	
		住宅	单位
所在区的区长和主管副区长			
所在地社区的街、镇负责人			
区、街应急管理部门负责人			
区、街民政管理部门负责人			
所在地社区派出所负责人			
分管社区的民警			
所在地社区消防救援队伍的负责人			
所在地社区医院的负责人			
所在地社区医院的值班电话			
毗邻社区的联系人及电话			
其他相关联系人及电话			
关键基础设施部门			
电力部门			

续表

<table>
<tr><th rowspan="2"></th><th rowspan="2">姓名／地址</th><th colspan="2">电话</th></tr>
<tr><th>住宅</th><th>单位</th></tr>
<tr><td>自来水部门</td><td></td><td></td><td></td></tr>
<tr><td>燃气部门</td><td></td><td></td><td></td></tr>
<tr><td>供热部门</td><td></td><td></td><td></td></tr>
<tr><td>排水部门</td><td></td><td></td><td></td></tr>
<tr><td>市政、道路、桥梁管理部门</td><td></td><td></td><td></td></tr>
<tr><td>园林管理部门</td><td></td><td></td><td></td></tr>
</table>

二、社区需要特殊帮助的人员名单及联系方式

（一）需特殊预警通知的听力障碍居民名单（见表附 1–2）

表附 1–2　名单样表

姓名	地址	通知方式

（二）社区内外籍人员（非汉语）名单及通知方式（见表附 1–3）

表附 1–3　名单样表

姓名	地址	电话	
		住宅	单位

（三）需救护车帮助的行走不便的居民名单（见表附 1–4）

表附 1–4　名单样表

姓名	地址	电话	
		住宅	单位

三、社区应急人力资源一览表（见表附 1–5）

表附 1–5　社区应急人力资源表

人员	需求量（因需而异）	社区可召集量	短缺数	联系人	电话
疏散路线指挥人员					
救护车车上人员					
消防车车上人员					
交通管制人员					
路口控制人员					
应急服务业余无线电爱好者					
公共汽车驾驶员					
应急指挥中心工作人员					
其他人员					

四、社区应急物资一览表

（一）交通工具需求表（见表附 1–6）

表附 1–6　交通工具需求表

交通工具	需求量（因需而异）	社区可召集量	短缺数	联系人	电话
公共汽车					
卡车					
消防车					
警车					
救护车（负压救护车）					
扫雪机械					
配备扬声器的车辆					
拖车					
压路机械					
吊车					
推土机					
挖掘机					
铲车					
前端装载机					
燃料供应车					

续表

交通工具	需求量（因需而异）	社区可召集量	短缺数	联系人	电话
送水车					
水泵车					
农用拖拉机					
划船／机动船					
雪地汽车					

（二）通信设备需求表（见表附 1-7）

表附 1-7　通信设备需求表

通信设备	需求量（因需而异）	社区可召集量	短缺数	联系人	电话
无线电话：固定					
无线电话：便携					
电话：远程装置					

（三）交通控制装置需求表（见表附 1-8）

表附 1-8　交通控制装置需求表

交通控制装置	需求量（因需而异）	社区可召集量	短缺数	联系人	电话
路障栅栏					
闪光信号灯					

（四）其他物资需求表（见表附 1–9）

表附 1–9　其他物资需求表

其他物资	需求量（因需而异）	社区可召集量	短缺数	联系人	电话
专用工具					
闪光灯 / 信号灯					
手提式扩音器					
手提电话					
泛光照明装置					
野外厨房					
发电机					
取暖器					
便携式厕所					
焊接设备					
中央电池组					
扬声器					
手电筒					
折叠床 / 帆布床					
帐篷					
防潮 / 防寒服装					
被褥					
办公用品					
医疗用品					

续表

其他物资	需求量（因需而异）	社区可召集量	短缺数	联系人	电话
防护用品					
木材					
沙袋					
装尸袋					
水冷却器					
手电筒电池					
燃料（气／油）					
瓶装水					
牵引服务					
运输					
维修					
道路清障					
危险品垃圾清理					

五、志愿者名单（见表附 1–10）

表附 1–10　志愿者名单

姓名	专业技能	地址	电话	
			住宅	单位

六、单位名单（见表附 1–11）

表附 1–11　单位名单

单位名称	单位地址	电话
医院		
养老中心		
企事业单位		

注：选择被通知单位和个人的标准是根据雇员和居民人数以及撤离、设备停止运转所需时间来决定的。

七、所在地社区周边的避难场所和机构（见表附 1–12）

表附 1–12　场所和机构

类型	名称	地址	联系人	电话
避难场所				
可接收避难人员的机构				

附录 2　社区应急响应预案

（社区名称）

社区应急响应预案

更新日期：　　　年　　月

社区应急响应预案

（目　录）

一、目的 …………………………………………×××
二、情景与任务 …………………………………×××
（一）社区可能遭受的事故或灾害 ……………×××
（二）历史上本社区和本社区的人员易于遭受的
事故或灾害 ……………………………………×××
（三）主要任务 …………………………………×××
三、社区应急管理组织体系… …………………×××
（一）应急工作组 ………………………………×××
（二）应急工作组职责 …………………………×××
（三）应急工作岗位 ……………………………×××
四、社区应急的援助 ……………………………×××
五、应急宣传、培训、演练 ……………………×××

一、目的

本预案的目的是为了有效规范社区管理机构以及其他与社区相关团体人员在发生事故灾难、自然灾害、公共卫生、社会安全事件时对公民的生命财产采取保护的行动，以确保达到《中华人民共和国突发事件应对法》中关于基层预案的要求，制定的灾害应急响应预案。

二、情景与任务

（一）社区可能遭受的事故或灾害

依照社区风险辨识，最可能发生的损害有：

（略）

（二）历史上，本社区和本社区的人员易于遭受的事故或灾害

本社区的区域范围和人口是：

（略）

（三）主要任务

1. 预防性任务

（1）社区内重大危险源和重大隐患监测信息的获取；

（2）社区内危险状态信息的收集与识别，如对社区内塌陷的发展趋势信息的研判；

（3）社区内有关危险状态信息的分析，如大风天气状态下，对社区高层建筑物、可能脱落物状态信息的分析；

（4）分析社区内人员患病的信息，特别是分析患传染病的信息，分析传染病高发季的社区人员患病信息，预防传染病在社区暴发。

2. 防范性任务

（1）人民群众财产的保护；

（2）社区内重要设施的保护；

（3）社区内具有高度危险性的重要设施的保护；

（4）社区内存在的实验室试验（未知状态）的防护；

（5）对社区人员采取防护措施，预防传染病。

3. 处置性任务

（1）事件损害的现场评估；

（2）预警信息、紧急信息的发布及传递；

（3）火灾事件的响应；

（4）爆炸装置的应急处置；

（5）重大传染病事件的隔离与检疫；

（6）搜寻与救援的实施；

（7）环境的监测与管理；

（8）环境卫生的管理；

（9）突发事件的现场管理；

（10）人员的疏散及避难场所；

（11）大批量人员的安置，安置场所、食品供应等相关服务；

（12）大批量人员的防疫；

（13）大批量伤员的处置；

（14）死亡人员的处置；

（15）紧急情况下的公共安全防范及安保响应；

（16）重要物资的运输与发放；

（17）应急人员的安全与健康管理；

（18）志愿者的管理与接受捐赠。

三、社区应急管理组织体系

（一）应急工作组

（1）社区应急工作组由所在地乡（镇）政府、街道办事处负责组建、调整。

（2）社区应急工作组组长由所在地乡（镇）政府、街道办事处分管应急管理工作的负责人担任，副组长由居委会、村委会主任担任。

（3）城市社区应急工作组成员主要包括居民委员会成员，

以及社区卫生服务中心、志愿者队伍、物业和驻社区公安机关等重点单位负责人等。

（4）农村社区应急工作组成员主要包括村民委员会成员，以及乡（镇）卫生院、志愿者队伍、民兵预备役和驻社区公安机关、单位等重点单位负责人等。

（二）应急工作组职责

——落实风险隐患排查，协助整改工作。

——落实突发事件预防工作。

——组织编写、修订社区应急预案。

——负责应急物资的管理、使用和发放。

——组织开展应急知识科普宣传活动。

——组织开展应急工作组和应急志愿者队伍的培训和演练。

——组织开展突发事件预警响应、先期处置，协助乡（镇）政府、街道办事处或职能部门开展应急处置工作。

（三）应急工作岗位

应急工作组设综合联络岗、抢险救灾岗、后勤保障岗、治安保卫岗、医疗救护岗和人员疏散岗等。

1. 综合联络岗

负责预警预报，应急处置信息的接收、汇总和传递等。主要职责是：

（1）按照社区应急管理组的指示，起草社区应急响应预案，并视需要进行修改。

（2）突发事件发生时应立即向社区、街道应急管理机构报告，并始终与社区、街道应急管理机构保持协调，及时提供最新突发事件信息。

（3）配合社区、街道应急管理机构，调查可能影响社区的灾害危险因素和隐患。

（4）核实社区可用于对重大的突发事件或灾情做出应急响应的物资，向社区、街道应急管理机构申请必要的物资。

（5）组建并管理一个基层应急志愿救援团队，制定应急响应工作任务清单，以适应社区应急需要。

（6）突发事件发生时，启动应急指挥中心，担负起“应急指挥中心”的指挥职责。

（7）管理向媒体发布的公共信息。

（8）当实施应急响应的费用高于日常运行费用时，编制应急响应费用。

（9）参加社区、街道应急管理机构和其他机构举办的训练课程，不断提高应急管理、预案制定和应急程序方面的专业水平。

2. 抢险救灾岗

负责突发事件现场的抢险救灾、应急救援和伤员救治等。主要职责是:

(1)制定消防与救援职责任务清单。

(2)协助制定、审查和修订应急响应预案。

(3)需要时,对应急指挥中心或现场做出响应。

(4)协调消防、搜索与救援工作。

(5)居民和应急工作人员暴露于化学药品或放射物质后,协助污染清除和监测。

(6)向公众发布有关预警信息。

(7)帮助灾民疏散,尤其要帮助医院、教养院、养老院、孤儿院等机构、行动不便人员或伤员疏散。

(8)紧急关闭照明和动力电源。

(9)提供应急照明和动力发电设备。

(10)帮助救援,清理废墟。

(11)向行政负责人和应急管理人员提出消防和救援工作的建议。

3. 后勤保障岗

负责救灾物资的接收、发放和生活必需品的筹集、管理工作,以及临时疏散安置场所的维护保障工作。主要职责是:

(1)提供应急物资、设备和服务。

（2）建立一套快速订购补给品和装备的工作流程，并追踪这些物资的运送和使用。

（3）监督与应急事件有关的全部资金和费用分析活动。

（4）追踪支出记录和人员活动记录。

（5）保障应急通信系统的运行，并组织训练。

（6）确保应急指挥中心、现场实施和社区、街道应急管理机构之间的通信畅通。

4. 治安保卫岗

负责治安管理、安全保卫和突发事件现场秩序的维护工作。主要职责是：

（1）制定并维护治安警务职责任务清单。

（2）协助制定、审查和修订应急响应预案。

（3）需要时，对应急指挥中心或现场做出响应。

（4）协调公安和执法工作。

（5）保卫重要机构的安全，包括应急指挥中心。

（6）对灾区及其周围地区的交通和路口实施控制。

（7）帮助设置道路预警信号，并通告受威胁人群。

（8）帮助灾民疏散，尤其要帮助医院、教养院、养老院、孤儿院等机构、行动不便人员或伤员疏散。

（9）帮助安装应急危险标志以及其他交通装置。

（10）参与搜救工作。

（11）向行政负责人和应急管理人员提出治安警务工作的建议。

5. 医疗救护岗

负责受伤人员的简单救护，协助卫生部门落实各项防控措施，在卫生部门指导下协助做好灾后卫生防疫工作。主要职责是：

（1）制定卫生、医疗服务职责任务清单。

（2）协助制定、审查和修订应急响应预案。

（3）需要时，对应急指挥中心或现场做出响应。

（4）准备一份最新的聋哑人、残疾人和特殊需求居民的名单，并向社区管理机构和县级应急管理局上报。

（5）协调社区内紧急医疗活动。

（6）如果医院、护理中心、托儿所和成人护理中心需要疏散或搬迁，协调所需的运输工具。

（7）当避难所需要时，协调医疗服务。

（8）协助搜救工作。

（9）帮助疾病预防和疫苗接种。

（10）向行政负责人和应急管理人员提出卫生医疗服务工作的建议。

6. 人员疏散岗

负责人员疏散、引导和秩序维护、居民安抚等工作。主要

职责是:

（1）负责向公众发布有关预警信息。

（2）帮助灾民疏散，尤其要帮助医院、养老院、孤儿院等机构、行动不便人员或伤员疏散。

（3）启动应急避难场所的使用，协助有关部门运行应急避难场所，进行居民的安置工作。

四、社区应急救援

突发事件发生时，所在地政府和邻近社区的应急管理机构根据法律规定和预案要求，向事发社区提供援助。

当社区资源全部被毁，区或县政府应当进行救援，帮助事发社区补充所需资援。同时，如果区或县政府所需资源不足，可以请求邻近的区或县政府、解放军部队支援。在遭遇重大灾害或应急事件的情况下，区或县政府可以请求中央或省、区、市政府提供援助。

五、应急宣传、培训、演练

组织应急宣传和培训是保障应急工作连续性的重要措施，为此应开展下列工作:

（一）应急宣传

1. 制订应急宣传计划和方案

社区应急工作组应制订年度应急知识宣传教育计划和方案，面向社区居民组织开展应急科普宣传活动。

2. 应急宣传要点

（1）在日常工作中，重点结合社区面临的风险隐患进行宣传。

（2）在重要时间节点及热点时期，结合节点和热点主题进行宣传。

3. 应急宣传方式

（1）日常采取渗透式宣传，可利用宣传栏、电子屏等设施开办应急专栏，定期维护更新。

（2）重要时间节点及热点时期，协调、配合有关部门组织开展综合性宣教活动。

4. 宣传内容

（1）应急基本内容。主要有：建立社区便民服务网和联系卡，明确辖区所属各级政府公开电话，电力、燃气、自来水、供热等公用部门联系电话，以及报警、急救、消防电话等；社区临时疏散场所、辖区所属应急避难场所的点位、疏散路线、基本设施等情况。

（2）应急日常宣传。面向社区居民的应急宣教应以应急避险知识和自救互救技能为主，深入普及应急法律法规，增强公众的防范意识和责任意识。

（3）应急集中宣传。结合主题，协调各职能部门提供宣传内容和材料。

5. 应急宣传要求

各级各类职能部门应在日常充分利用社区应急宣教设施，在社区应急工作组的统筹安排下，积极开展应急常识普及性宣传；同时，根据居民群众需求，紧密结合热点和宣传节点，以社区为主阵地，开展形式多样、寓教于乐的主题宣教活动。

（二）应急培训

社区应急工作组应制订年度培训计划和方案，面向社区应急工作岗、志愿者队伍等人员开展应急培训，鼓励、支持社区居民（村民）参加培训。

邀请应急管理、消防、交通、卫生、地震、气象等领域的师资力量、专业人员或有处置经验的人员，定期组织应急理论培训或技能培训。

（三）应急演练

应急工作组应指导社区制订以应急避险和应急疏散演练为

主的演练方案，定期组织实施。

演练场景设置应针对辖区面临的突发事件风险隐患，以应急预案为蓝本。

演练后应进行分析评估。针对演练中发现的问题，修订应急预案。

附录3　社区应急响应工作任务清单

一、应急工作组的应急响应工作清单

职责：保护社区管理机构、居民及其财产。

工作报告对象：社区居民。

应急响应启动日期：________。

应急响应启动事由：________。

（一）突发事件初期应急响应工作清单（见表附3-1）

表附3-1　工作清单

完成情况（不适用请注明）	执行人	完成时间	工作内容
			文件材料清单
			社区应急预案副本
			通知名单与资源手册
			通知
			报告位于 ____（地址）社区应急管理机构
			核查工作清单
			与上级机关及社区机构其他负责人进行联系

续表

完成情况（不适用请注明）	执行人	完成时间	工作内容
			应急响应实施——处置行动
			指挥公众对突发事件做出响应
			社区需要救助时，估计救助的需求状况并予以提供
			搭建临时避难场所，所需经费由所在地区财政应急经费支付
			宣布事故或灾害发生，决定进入几级响应状态

（二）突发事件应急响应实施期——处置行动清单（见表附 3–2）

表附 3–2　行动清单

完成情况（不适用请注明）	执行人	完成时间	工作内容
			指挥公众对突发事件做出响应
			社区需要救助时，估计救助的需求状况并予以提供
			搭建临时避难场所，所需经费由所在地区财政应急经费支付

续表

完成情况（不适用请注明）	执行人	完成时间	工作内容
			宣布事故或灾害发生，决定进入几级响应状态
			起草突发事件应急响应宣布文件，并签署
			确定应实施的突发事件应急保护措施
			根据需要，建议实施公众疏散或采取相应保护措施
			政府管理的连续性措施的确定
			社区突发事件响应的总负责人
			社区突发事件响应的第二负责人
			社区突发事件响应的第三负责人
			以上负责人缺位时，社区管理机构负责人的指定
			实施疏散时，应集中重要文件，并转移到安全地点
			实施疏散时，应备份电子文件，并将备份文件转移至备用地点

（三）突发事件应急响应恢复期——处置行动清单（见表附 3-3）

表附 3-3　行动清单

完成情况（不适用请注明）	执行人	完成时间	工作内容
			社区事故或灾害恢复计划
			请求上级政府对受灾社区实施全面帮扶计划
			做出社区灾后恢复的全面计划
			制定并报请上级政府批准，实施灾后补偿措施
			实施灾后基础设施的修复计划
			总结、修订社区突发事件预案，改善社区突发事件应急信息的运行程序

二、应急联络岗位工作任务清单（见表附 3-4）

职责：对整个应急管理活动负责，启动并管理应急预案的实施。

工作报告对象：应急工作组。

启动日期：________。

启动事由：________。

表附 3–4 任务清单

完成情况 （不适用请注明）	执行人	时间	工作内容
			紧急通知（方式）
			核对通知名单
			开始的行动日志（详见本任务清单附件 1）
			通知行政负责人
			建议行政负责人启动应急指挥中心
			通知涉及应急响应的人员
			临战前准备
			收到国家应急预警系统发出的预警
			收到气象部门预测报告或预警报告
			收到市、区政府预警信息
			与行政负责人商讨准备事项
			关键人员进入待命状态
			开始部分启动应急指挥中心
			关键单位设施进入待命状态
			程序
			启动应急指挥中心
			应急指挥中心文件材料清单
			市、区应急预案副本

续表

完成情况（不适用请注明）	执行人	时间	工作内容
			社区应急预案副本
			应急指挥人员花名册
			通知名单和资源信息
			行动日志
			签入或签出日志（详见本任务清单附件 2）
			应急管理组织机构框图
			指挥中心平面图
			工作人员 24 小时两轮值班表
			应急响应行动态势图板
			社区地图
			办公补给品
			应急管理人员到达位于区街（路）（ ）号房间的应急指挥中心
			应急联络岗的助手得到通知（或到场）
			行政负责人得到通知（或到场）
			抢险救灾岗得到通知（或到场）
			后勤保障岗得到通知（或到场）
			治安保卫岗得到通知（或到场）

续表

完成情况（不适用请注明）	执行人	时间	工作内容
			医疗救护岗得到通知（或到场）
			人员疏散岗得到通知（或到场）
			其他岗位人员得到通知（或到场）
			指挥中心保安措施
			启动情势图板
			启动消息日志
			将应急指挥工作运行情况通知社区、街道应急管理机构
			通信设施是否齐备
			检查电话是否畅通
			检查无线电设备是否正常
			监控应急报警系统工作台站
			发布应急工作组启动工作简报
			指定专门人员标绘地图和情势图板
			布挂社区地图（该图上应有受影响地区、交通控制点、入口控制点的通道、疏散路线等）
			与相邻社区联系
			应急指挥中心迁移
			应急指挥中心迁移至区　　街（路）（ ）号房间

续表

完成情况（不适用请注明）	执行人	时间	工作内容
			设备和日志装箱
			通知社区、街道应急管理机构
			通知相关应急指挥中心
			通知相关机构和人员
			应急响应
			根据情势变化，变更行政负责人和指挥中心的工作人员
			通知学校、企业和其他人口聚集区，保障其确实得知所面临的紧急情况，进行检查、核实
			监控可用的资源
			评价需求，并将满足不了的需求情况通知县级应急管理局
			完成路线警报工作
			向社区、街道应急指挥机构汇报最新情况
			管理转移的居民
			研究确定居民的转移地点，伤员的集中地点或尸体存放处
			应急工作组的命令功能
			指定命令的承担者
			发布应急工作组职务任命简报

续表

完成情况（不适用请注明）	执行人	时间	工作内容
			确认是否已经建立交通控制点和入口控制点
			确认是否有足够的疏散物资，或将不能满足的需求通知社区、街道应急管理机构
			资源管理
			设立物资请求状况日志
			准备空白物资请求表格
			向社区、街道应急管理机构传真物资需求表格
			跟踪物资请求的落实情况
			报告和评估损失
			准备足够数量的空白损失评估报告表，分发给评估人员
			通知损失评估队人员，进入待命状态
			安排损失评估用车
			与后勤保障岗协调，安排损失评估需要的无线电设备
			集合所有损失评估人员，并分配到各评估组
			设定呼入电话号码和报告时间间隔

续表

完成情况（不适用请注明）	执行人	时间	工作内容
			列出未能满足的需要，并通知县级应急管理局
			指派损失评估组开展初步损失评估（评估队最少由两人组成，并有指定的工作区）（与红十字会协调）
			指示损失评估队随时将评估情况通知应急管理人员
			编制损失评估报告，报告送达社区、街道应急管理机构
			从适当机构中指派人员协助进行详细的损失评估
			为区、县进行详细损失评估工作提供联络
			为损失评估组提供私有建筑和公共建筑的相关信息
			必要时，从损失评估组中指派几名熟悉损失地点的队员陪同损失评估队
			保存所有损失评估活动的经费支出记录，并向有关部门提交
			灾害公告发布
			帮助行政负责人准备灾害公告发布文件
			获取行政负责人的签字

续表

完成情况（不适用请注明）	执行人	时间	工作内容
			向社区、街道应急管理机构发送受灾信息简报
			灾害恢复
			制订灾后恢复计划
			保留社区开支单据记录
			协助社区、街道应急管理机构和省、市应急管理机构设立灾害恢复机构
			返回疏散人员的安置
			安排充足的食品供应
			安排充足的燃料供应
			协助公用部门确定公用设施故障或帮助修复故障
			通报疏散人群回家状况
			停止应急指挥中心工作前与社区、街道应急管理机构一起核对运行日志
			事件总结报告
			向上级应急管理机构提交灾害事件总结报告
			将应急过程或演习中的经验教训并入现存的预案和这些工作任务清单

应急响应人员行动日志（见表附 3–5），应急指挥中心来访者或工作人员出入登记表（见表附 3–6）。

表附 3–5　行动日志

应急指挥中心 工作记录		执行单位 执行人	年 月　　日	总　　页 第　　页
事件编号	时间	单位／姓名	事件名称	行动

表附 3–6　应急指挥中心来访者或工作人员出入登记表

日期	进入时间	姓名	单位或部门	离开时间

人员伤亡和建筑物破坏情况原始报告单

事件名称：　　　　　　　　日期：年　月　日

市、区、县：　　　　　　　社区：

报告时间：　　　　　　　　灾害是否宣告：□是□否

宣告日期及时间：

伤亡情况：　　　　　　　　建筑物破坏情况：

毁坏程度：　　　　　　　　轻微破坏受损：

死亡人数：　　　　　　　　单住户房屋：

重伤人数：　　　　　　　　多住户房屋：

轻伤人数：　　　　　　　　可移动房屋：

失踪人数：　　　　　　　　企业单位：

医院：

学校：

公共建筑：

住院人数：

疏散人数：

避难场所人数：

确认被关闭的道路及其原因：

列出被破坏和关闭的桥梁及其地点：

列出被破坏的供水和排水设施：

列出被破坏的公园和游览区：

列出被破坏的公用设施（如果可能，尽量标明全球定位坐标）：

报告完成人：　　　　　　　　　　　　电话：

三、综合联络（信息）岗位工作任务清单（见表附 3-7）

职责：负责协调新闻媒体的发布，起草新闻发言稿和谣言控制。

工作报告对象：应急工作组。

启动日期：________。

启动事由：________。

表附 3-7　任务清单

完成情况（不适用请注明）	执行人	时间	工作内容
			文件材料清单
			社区应急预案
			本任务清单
			通知名单和资源手册
			行动日志
			地区新闻媒体名单
			通知

续表

完成情况（不适用请注明）	执行人	时间	工作内容
			向社区应急指挥中心报到
			仔细阅读工作任务清单
			通知新闻发布官员助手，并使其处于待命状态
			启用并维护公共信息官员行动日志（本任务清单附件 1）
			制定 24 小时轮班表
			与区、县政府新闻发布官员建立联系
			向应急管理人员报告新闻发布官员通信尚未满足的需求
			应急响应
			如果应急管理人员要求，安排人员制定辟谣样本文件，并向应急管理人员呈报谣言内容
			监控应急情况报道
			需要时，向应急信息中心发布信息
			新闻媒体
			确定一个公共信息人员向媒体报告场所，安排主要的行政负责人与媒体见面
			新闻发布

续表

完成情况（不适用请注明）	执行人	时间	工作内容
			新闻发布前，尽可能与公共信息人员协调一致
			如果实用的话，使用事先拟好的文稿
			向应急人员通报公共信息发布状况
			必要时，做好跟随应急指挥中心搬迁的准备
			借助信息发布，建议灾民与相关的保险公司联系理赔事宜

附件 1：行动日志（见表附 3-8）

表附 3-8　行动日志

应急指挥中心行动日志		执行单位／执行人	日期	总_____页 第_____页
事件编号	时间	单位名称／姓名	事件名称	行动

附件 2：广播文稿

广播电视文稿（样稿）

道路禁行

市、区政府紧急通知

最近的暴风雨已在许多地区造成了严重的洪水泛滥，至今天上午 10:30，公安局交通管理局已禁止如下道路车辆通行：

1. 市 / 镇 / 区内所有河道；

2. 某大街自第某大道至第某大道路段；

3. 某大街自第某大道至第某大道路段。

请绕开这些河道和路段。如果必须外出，请选择其他路线。

而且，下面道路也已经关闭：

1.____。

2.____。

3.____。

请注意收听本台其他道路禁行信息。

四、后勤保障岗位工作任务清单（见表附 3–9）

职责：向应急指挥中心信息部门负责，提供工作需要的无线电和电话设备，向容易遭受损失的机构和设施发布警报。

工作报告对象：应急工作组。

启动日期：________。

启动事由：________。

表附 3–9　任务清单

完成情况（不适用请注明）	执行人	时间	工作内容
			文件材料清单
			通知名单和资源手册
			行动日志
			信息表单
			便携式或手提式无线电发射器（有条件）
			调幅或调频紧急警报系统监控器使用的电池
			通知
			向社区应急指挥中心报到
			仔细阅读工作任务清单
			通知通信人员助手处于待命状态
			与通信人员和县通信预警人员建立无线电和电话联系
			区、县通信预警人员一起与业余无线电爱好者取得联系

续表

完成情况（不适用请注明）	执行人	时间	工作内容
			启用并维护正式行动日志和通信日志（本任务清单附件 1 和 3）
			制定 24 小时值班表
			向应急管理人员报告信号通信工作尚未满足的需求条件
			监控信息流量处理情况（本任务清单附件 2 和附件 3）
			与应急管理人员保持通信状态
			必要时，做好跟随应急指挥中心搬迁的准备
			协助收集、汇总、发布破坏报告和评估报告
			通知学校、医院、护理家庭和可能受应急情况影响的其他人员可以聚集的场所
			将预警通知到企业事业单位、旅店、宾馆和其他临时性场所
			向居民发出警报
			确认警报已经启动
			如果有需要发布的警报信息，与公共信息人员做好协调
			如果需要同时发出常规的警报，应与消防救援人员协调一致

附件 1：行动日志（见表附 3-10）

表附 3-10　行动日志

应急指挥中心 行动日志		执行单位／ 执行人	日期	总____页 第____页
事件 编号	时间	单位名称／ 姓名	事件名称	行动名称

附件 2：任务信息单

紧急：□

非紧急：□

日期：年　月　日

时间：午　时　分　秒　　　任务编号：

下达人姓名：　　　执行人姓名：

单位：　　　单位：

方式：　　　方式：

信息内容:

反应或反馈:

时间: 午　时　分　秒

紧急: □

非紧急: □

(签名)

工作任务传送路径:

行动信息:

□ 行政负责人　　□ 治安岗

□ 协调岗　　□ 卫生岗

□ 新闻发布岗　　□ 通信与警报岗

□ 消防人员

信息收发日志见表附 3–11。

表附 3–11　信息收发日志

<table>
<tr><td colspan="7">信息收发日志</td><td colspan="2">总____页
第____页</td></tr>
<tr><td>日期</td><td>时间</td><td>收到</td><td>发出</td><td>方式</td><td>主题</td><td>发至</td><td>来自</td><td>发送范围</td></tr>
<tr><td></td><td></td><td></td><td></td><td></td><td></td><td></td><td></td><td></td></tr>
<tr><td></td><td></td><td></td><td></td><td></td><td></td><td></td><td></td><td></td></tr>
<tr><td></td><td></td><td></td><td></td><td></td><td></td><td></td><td></td><td></td></tr>
</table>

表附 3–12　物资（资源）请求状况日志

______社区 物资（资源）请求状况记录						总_____页 第_____页		
请求编号	请求内容	请求日期和时间	送交日期和时间	批准或不批准	批准与否通知时间	备注	通知发送日期	回单签收日期

物资（资源）请求表，见表附 3–12。

（发至区、街道应急管理机构）

物资（资源）：　　　　　　　　　　　　请求编号：

请求社区日期：　年　月　日

负责人：　　　　　　　　　　　　　　　时间：

请求资源描述：

请求数量：

目的（如何使用）：

送达地点：

资源使用地点（如果使用地点与送达地点不同）：

联系人：　　　　　　　　（电话）：

申请的资源将使用多长时间：

承办机构：　　　　　　　　　　日期和时间：

五、抢险救灾岗位工作任务清单（见表附3-13）

职责：警报，消防和危险物品监测。

工作报告对象：应急工作组。

启动日期：________。

启动事由：________。

表附3-13　任务清单

完成情况（不适用请注明）	执行人	时间	工作内容
			文件材料清单
			通知名单和资源手册
			行动日志
			工作任务单
			每个警报小组配备路线报警盒及地图
			听力障碍人员和其他特殊需要居民的名单

续表

完成情况 （不适用请注明）	执行人	时间	工作内容
			通知
			向市应急指挥中心报到
			仔细阅读工作任务清单
			通知消防救援人员，使其处于待命状态
			启用并维护消防救援行动日志（本任务清单附件 1）
			制定 24 小时值班表
			与区、县消防救援人员建立联系
			向应急管理人员报告消防救援工作尚未满足的需求条件
			监控全社区消防和救援队伍的工作状况
			随时向应急管理人员通报消防救援状况
			监控危险物资专业队和其他专业队伍的状况
			确认危险物资专业队的需求，申请或分发所需物资
			向应急管理人员报告化学或放射性危险物资可能引起的危险

续表

完成情况（不适用请注明）	执行人	时间	工作内容
			必要时，帮助收集损失评估资料
			帮助紧急关闭电力和燃气设施
			协调应急灯和发电设备的供应
			帮助紧急清理废墟
			帮助受影响居民疏散
			必要时，指挥应急消防救援人员去消毒站
			协调建立应急人员或普通公众化学或放射性清洁站并运行
			帮助实施救援工作
			必要时，做好跟随应急指挥中心迁移的准备
			路段或区段报警
			通知、集合并指派报警小组（每个小组 2 人）
			为每个小组准备地图，下达任务
			为每个小组提供报警路线上有听力障碍或需要特殊帮助的居民名单
			向路段或区段报警小组传达应急管理人员的命令

续表

完成情况（不适用请注明）	执行人	时间	工作内容
			随时向应急管理人员报告警报进展情况
			必要时，向路段或区段报警小组派遣第二梯队

表附 3-14　行动日志

<table>
<tr><td colspan="2">应急指挥中心
行动日志</td><td>执行单位</td><td>日期</td><td>总______页
第______页</td></tr>
<tr><td>事件编号</td><td>时间</td><td>执行人姓名</td><td>事件名称</td><td>行动名称</td></tr>
<tr><td></td><td></td><td></td><td></td><td></td></tr>
<tr><td></td><td></td><td></td><td></td><td></td></tr>
<tr><td></td><td></td><td></td><td></td><td></td></tr>
<tr><td></td><td></td><td></td><td></td><td></td></tr>
<tr><td></td><td></td><td></td><td></td><td></td></tr>
<tr><td></td><td></td><td></td><td></td><td></td></tr>
<tr><td></td><td></td><td></td><td></td><td></td></tr>
</table>

六、人员疏散岗位工作任务清单（见表附 3-15）

职责：政府和居民人身安全、交通控制和执法。

工作报告对象：应急管理工作。

启动日期：________。

启动事由：________。

表附 3-15　任务清单

完成情况（不适用请注明）	执行人	时间	工作内容
			行政负责人（行政负责人缺位时由应急管理人员）做出保护行动的决定
			推荐避难场所
			推荐疏散方案
			避难场所
			通知相关岗位负责人员
			准备避难场所及路线指南公告
			准备向不懂中文的居民发布的公告
			通过紧急警报系统广播避难场所指南
			必要时发布路线警告
			居民安置所

续表

完成情况（不适用请注明）	执行人	时间	工作内容
			与区、街道民政负责人员联系
			指定当地 ____（场所）作为临时居民安置所
			指定居民安置所负责人
			向公众公告临时居民安置所的地点位置
			疏散
			设计疏散路线和其他情况（何时、何人、人数，去何地方）
			拉响警报器，必要时启动紧急预警系统
			向不懂中文的居民喊话
			向行动不便者提供帮助
			检查交通控制点和入口控制点
			通知路段或区段报警队长，并指派报警队员
			检查并订正需要特别通知的听觉障碍人员名单（由卫生医疗人员负责）
			确认需要救护车帮助的行动不便人员的名单（由卫生医疗人员负责）
			检查交通预案

续表

完成情况（不适用请注明）	执行人	时间	工作内容
			检查社区不能满足的需要，并将情况报告社区、街道应急管理机构
			检查应急油料供应、拖车和服务设施是否满足疏散人员的要求
			检查通信能力，保持与交通控制点、入口控制点、交通集散点和公共汽车以及路段报警队的联系（由相关岗位的人员负责）
			检查、核实警报确能到达大企业、郊外营地、各类旅馆和其他暂时寄住旅客的场所
			为缺少交通工具的居民提供足够的公交车或其他交通工具
			为运送居民的公交车指定向导
			评价选择的交通控制点，选定足够的有效疏散路线（警察服务人员）
			监控疏散过程
			完成路线危险信号设置后，及时通知社区、街道应急管理机构
			居民撤离后，如有必要，转移应急指挥中心
			完成疏散后，通知区、街道应急管理机构

行动日志和出入登记表分别见表附 3–16、3–17。

表附 3–16　行动日志

<table>
<tr><td colspan="2">应急指挥中心
行动日志</td><td>执行单位</td><td>日期</td><td>总____页
第____页</td></tr>
<tr><td>事件
编号</td><td>时间</td><td>执行人姓名</td><td>事件名称</td><td>行动名称</td></tr>
<tr><td></td><td></td><td></td><td></td><td></td></tr>
<tr><td></td><td></td><td></td><td></td><td></td></tr>
<tr><td></td><td></td><td></td><td></td><td></td></tr>
<tr><td></td><td></td><td></td><td></td><td></td></tr>
<tr><td></td><td></td><td></td><td></td><td></td></tr>
</table>

表附 3–17　来访者和工作人员出入登记表

日期	进入时间	姓名	单位或部门	离开时间

安全出入登记表（日志）

______应急指挥中心

某社区交通控制点、道路入口控制点（式样）（见表附3-18、表附3-19）。

表附 3-18　交通控制点

交通控制岗编号	位置	所属机构	警员人数
1	路与街相交处	市区	1
2	路与街相交处	市区	1
3	（其他）		

表附 3-19　道路入口控制点

道路入口控制岗编号	位置	所属机构	警员人数
1	路与街相交处	市区	1
2	路与街相交处	市区	1
3	（其他）		

注：在交通控制点值勤的警察应该配备反光背心、电子指挥棒、与应急指挥中心保持联络的便携式无线电通信设备。

七、治安保卫岗位工作任务清单（见表附3-20）

职责：政府和居民人身安全、交通控制和执法。

工作报告对象：应急管理工作。

启动日期:________。

启动事由:________。

表附 3-20　任务清单

完成情况（不适用请注明）	执行人	时间	工作内容
			文件资料清单
			通知名单和资源手册
			行动日志
			交通控制点、路口控制点地图和清单
			社区和区、县疏散路线图
			通知
			向社区应急指挥中心报到
			仔细阅读工作任务清单
			通知治安警务人员，使其处于待命状态
			启用并维护治安行动日志
			制作 24 小时值班表
			与区、县级治安警察建立联系
			从应急指挥中心启动开始，提供安全保卫，启用出入日志
			向应急管理人员报告，实施治安警务工作还未满足的需求和条件

续表

完成情况（不适用请注明）	执行人	时间	工作内容
			随时向应急工作组通报治安状况
			确保警报发出前通知到大的企业事业单位、营区、旅店、宾馆和其他临时性场所
			为关键地点提供治安保卫
			必要时限制危险区段的出入
			必要时协助路段警力做好消防和救援工作
			为指定的交通控制点、路口控制点安排警力
			必要时安排拖车牵引服务
			监控交通流量，处置交通“瓶颈”
			必要时做好跟随应急指挥中心搬迁的准备
			疏散
			通过交通控制点监控疏散情况，协助应急管理人员确定疏散区域人员全部撤离的时间
			必要时指引应急警务人员去清洁站
			警车全社区巡逻，向公众展示警察保护和帮助能力

行动日志见表附 3-21，出入登记表见表附 3-22。

表附 3-21 行动日志

应急指挥中心 行动日志		执行单位	日期	总_____页 第_____页
事件编号	时间	执行人姓名	事件名称	行动名称

安全出入登记表（日志）

_______应急指挥中心

表附 3-22 来访者和工作人员出入登记表

日期	进入时间	姓名	单位或部门	离开时间

八、医疗救护岗位工作任务清单（见表附 3-23）

职责：协调医院和卫生医疗救护机构。

工作报告对象：应急工作组。

启动日期:________。

启动事由:________。

表附 3-23 任务清单

完成情况（不适用请注明）	执行人	时间	工作内容
			文件材料清单
			通知名单和资源手册
			行动日志
			本区医院和流动救护机构的名称和位置
			通知
			向社区应急指挥中心报到
			仔细阅读工作任务清单
			通知卫生医疗人员，使其处于待命状态
			启用并维护卫生医疗行动日志（本任务清单附件 1）

续表

完成情况（不适用请注明）	执行人	时间	工作内容
			制作 24 小时值班表
			与区、县级卫生医疗人员建立联系
			检查通知名单手册中有听力障碍和需要特别通知的居民列表，确定通信方式是否有效
			与不能行动或有特殊需要的居民联系，以确认这些人群的医疗需求（包括对专用设备的需求）状况
			向应急管理人员报告医疗服务工作中还未满足的需求条件
			应急响应
			随时向应急管理人员通报应急医疗状况
			监控并协调应急医疗资源（包括物资、人员和机构）
			电话通知医院和疗养院发生的紧急情况
			核对可用医院病床数目，并使医疗机构处于待命状态
			协调医疗机构的伤病员分派
			确保医院能够接受感染的伤病员

续表

完成情况（不适用请注明）	执行人	时间	工作内容
			必要时指挥应急医疗人员去消毒站消毒
			跟踪统计就医地点的疏散病员，并将情况向应急人员报告，确保这些伤病员进入统计系统
			协调疾病预防接种
			必要时协助验尸官验尸
			随时向应急管理人员报告死亡人数和在医疗机构接收救护的伤病员人数和状况
			必要时做好跟随应急指挥中心迁移的准备
			疏散
			协助发现和疏散有特殊医疗需要的居民
			协助医院、疗养院、精神和智力迟钝监护机构、幼儿园和托老所疏散时的运输工作
			检查医院、疗养院、精神和智力迟钝监护机构、幼儿园和托老所的疏散情况

行动日志见表附 3–24、出入登记表见表附 3–25。

表附 3–24　行动日志

应急指挥中心 行动日志		执行单位	日期	总＿＿＿页 第＿＿＿页
事件编号	时间	执行人姓名	事件名称	行动名称

表附 3–25　来访者或工作人员出入登记表

日期	进入时间	姓名	单位或部门	离开时间

附录 4　新冠肺炎疫情社区防控工作方案（试行）

为落实以社区防控为主的综合防控措施，指导社区科学有序地开展新型冠状病毒感染的肺炎疫情防控工作，及早发现病例，有效遏制疫情扩散和蔓延，减少新型冠状病毒感染对公众健康造成的危害，依据《中华人民共和国传染病防治法》《中华人民共和国基本医疗卫生与健康促进法》《突发公共卫生事件应急条例》《突发公共卫生事件应急预案》《新型冠状病毒感染的肺炎病例监测方案》等相关文件规定，特制定本工作方案。

一、工作要求

党政牵头、社区动员，实施网格化、地毯式管理，把各项防控措施落到实处。

落实“早发现、早报告、早隔离、早诊断、早治疗”原则，做好社区新型冠状病毒感染的肺炎疫情发现、防控和应急处置工作。

二、相关定义

（一）社区

本方案中“社区”是指街道办事处或乡镇人民政府所辖的

城乡社区（即城市社区和村）。

（二）社区疫情划分

1. 社区未发现病例

指在社区居民中，未发现新型冠状病毒感染的肺炎确诊病例。

2. 社区出现病例或暴发疫情

社区出现病例，是指在社区居民中，出现1例确诊的新型冠状病毒感染的肺炎，尚未出现续发病例。

暴发疫情是指14天内在小范围（如一个家庭、一个工地、一栋楼同一单元等）发现2例及以上确诊病例，病例间可能存在因密切接触导致的人际传播或因共同暴露感染的可能性。

3. 社区传播疫情

指在社区居民中，14天内出现2例及以上感染来源不清楚的散发病例，或暴发疫情起数较多且规模较大，呈持续传播态势。

（三）疫点、疫区的划分

1. 疫点

如果社区出现病例或暴发疫情，将病例可能污染的范围确定为疫点。原则上，病人发病前 3 天至隔离治疗前所到过的场所，病人停留时间超过 1 小时、空间较小且通风不良的场所，应列为疫点进行管理。疫点一般以一个或若干个住户、一个或若干个办公室、列车或汽车车厢、同一航班、同一病区、同一栋楼等为单位。

2. 疫区

如果出现了社区传播疫情，可根据《中华人民共和国传染病防治法》相关规定将该社区确定为疫区。

（四）密切接触者

与病例发病后有如下接触情形之一，但未采取有效防护者：

——与病例共同居住、学习、工作，或其他有密切接触的人员，如与病例近距离工作或共用同一教室或与病例在同一所房屋中生活；

——诊疗、护理、探视病例的医护人员、家属或其他与病例有类似近距离接触的人员，如直接治疗及护理病例、到病例所在的密闭环境中探视病人或停留，病例同病室的其他患者及其陪护人员；

——与病例乘坐同一交通工具并有近距离接触人员，包括在交通工具上照料护理过病人的人员，该病人的同行人员（家人、同事、朋友等），经调查评估后发现有可能近距离接触病人的其他乘客和乘务人员；

——现场调查人员调查后经评估认为符合其他与密切接触者接触的人员。

三、社区防控策略及措施

（一）社区未发现病例

实施“外防输入”的策略，具体措施包括组织动员、健康教育、信息告知、疫区返回人员管理、环境卫生治理、物资准备等。

1. 组织动员

社区要建立新型冠状病毒感染的肺炎疫情防控工作组织体系，以街道（乡镇）和社区（村）干部、社区卫生服务中心和家庭医生为主，鼓励居民和志愿者参与，组成专兼职结合的工作队伍，实施网格化、地毯式管理，责任落实到人，对社区（村）、楼栋（自然村）、家庭进行全覆盖，落实防控措施。

2. 健康教育

充分利用多种手段，有针对性地开展新型冠状病毒感染的肺炎防控知识宣传，积极倡导讲卫生、除陋习，摒弃乱扔、乱吐等不文明行为，营造“每个人是自己健康第一责任人”“我的健康我做主”的良好氛围。使群众充分了解健康知识，掌握防护要点，养成手卫生、多通风、保持清洁的良好习惯，减少出行，避免参加集会、聚会，乘坐公共交通或前往人群密集场所时做好防护，戴口罩，避免接触动物（尤其是野生动物）、禽类或其粪便。

3. 信息告知

向公众发布就诊信息，出现呼吸道症状无发热者到社区卫生防护中心（乡镇卫生院）就诊，发热患者到发热门诊就诊，新型冠状病毒感染者到定点医院就诊。每日发布本地及本社区疫情信息，提示出行、旅行风险。

4. 疫区返回人员管理

社区要发布告示，要求从疫区返回人员应立即到所在村支部或社区进行登记，并到本地卫生院或村医或社区卫生服务中心进行体检，每天两次体检，同时主动自行隔离 14 天。所有疫区返乡的出现发热呼吸道症状者，及时就近就医排查，根据要求居家隔离或到政府指定地点或医院隔离；其密切接触者应也立即居家自我隔离或到当地指定地点隔离。隔离期间请与本地医务人员或疾控中心保持联系，以便跟踪观察。

5. 环境卫生治理

社区开展以环境整治为主、药物消杀为辅的病媒生物综合防制，对居民小区、垃圾中转站、建筑工地等重点场所进行卫生清理，处理垃圾污物，消除鼠、蟑、蚊、蝇等病媒生物孳生环境。及时组织开展全面的病媒生物防制与消杀，有效降低病媒生物密度。

6. 物资准备

社区和家庭备置必需的防控物品和物资，如体温计、口罩、消毒用品等。

（二）社区出现病例或暴发疫情

采取“内防扩散、外防输出”的策略，具体包括未发现病例的6项措施，以及密切接触者管理、加强消毒的2项措施。

1. 密切接触者管理

充分发挥社区预防保健医生、家庭签约医生、社区干部等网格管理员的作用，对新型冠状病毒感染的肺炎确诊病例的密切接触者开展排查并实施居家或集中医学观察，有条件的应明确集中观察场所。每日随访密切接触者的健康状况，指导观察对象更加灵敏的监测自身情况的变化，并随时做好记录。做好病人的隔离控制和转送定点医院等准备工作。

2. 消毒

社区要协助疾控机构，做好病例家庭、楼栋单元、单位办公室、会议室等疫点的消毒，以及公共场所清洁消毒。

（三）社区传播疫情

采取“内防蔓延、外防输出”的策略，包括上述8项措施，以及疫区封锁、限制人员聚集2项措施。

1. 疫区封锁

对划为疫区的社区，必要时可采取疫区封锁措施，限制人员进出，临时征用房屋、交通工具等。

2. 限制人员聚集

社区内限制或停止集市、集会等人群聚集的活动，关闭公共浴池、温泉、影院、网吧、KTV、商场等公共场所。必要时停工、停业、停课。